Pequeño Empresario

Lucie Dupont

Lucie Dupont

Lucie Dupont

Lucie Dupont

Indice

Lucie Dupont

El Espíritu Emprendedor

El espíritu emprendedor es esa chispa interna que impulsa a una persona a tomar la iniciativa, a salir de su zona de confort y a lanzarse a la aventura de crear algo nuevo. No es solo una cuestión de querer ganar dinero o de ser tu propio jefe, aunque esos factores pueden influir. En esencia, ser emprendedor es tener una visión y la determinación de convertir esa visión en realidad, incluso cuando el camino está lleno de obstáculos y la incertidumbre es una constante compañera.

Al principio, el espíritu emprendedor se manifiesta como una inquietud, una necesidad de hacer algo diferente o de resolver un problema que nadie más parece haber notado. Puede que te encuentres insatisfecho con el status quo, observando cómo ciertas cosas podrían mejorarse o cómo un producto o servicio podría facilitar la vida de las personas. Es ese deseo profundo de crear valor, de aportar algo único al mundo, lo que diferencia a un emprendedor de alguien que simplemente sigue el camino trazado por otros.

Pero, ¿qué hace falta para ser un emprendedor? No se trata solo de tener una gran idea; las ideas son solo el punto de partida. Lo que realmente importa es la capacidad de ejecutar esa idea. Aquí es donde entran en juego la perseverancia, la resiliencia y la capacidad de aprender de los fracasos. Un emprendedor no se rinde ante el primer obstáculo. Al contrario, ve los problemas como oportunidades de crecimiento. Es alguien que entiende que el éxito no llega de la noche a la mañana y que está dispuesto a trabajar duro, a veces durante años, para ver sus sueños convertidos en realidad.

Otro aspecto crucial del espíritu emprendedor es la capacidad de asumir riesgos calculados. No se trata de lanzarse al vacío sin pensar, sino de tomar decisiones informadas y estar preparado para las consecuencias, buenas o malas. Un emprendedor sabe que no hay garantías en el mundo de los negocios, pero también entiende que sin riesgo no hay recompensa. Esta disposición a salir de la zona de confort, a apostar por uno mismo y a enfrentarse a lo desconocido, es lo que permite a los emprendedores descubrir nuevas oportunidades y lograr cosas que otros no se atreven ni a intentar.

Además, el espíritu emprendedor implica una mentalidad de aprendizaje constante. El mundo está en constante cambio, y lo que funciona hoy puede no funcionar mañana. Un emprendedor exitoso es aquel que se adapta, que se mantiene curioso y que siempre está buscando nuevas maneras de mejorar y de hacer las cosas. Esto significa estar abierto a nuevas ideas, estar dispuesto a escuchar a los demás y, lo más importante, estar preparado para aprender de los errores. La humildad para reconocer que no se sabe todo y la disposición para seguir aprendiendo son cualidades que fortalecen el espíritu emprendedor.

Sin embargo, el camino del emprendedor no está exento de desafíos. A menudo, los emprendedores se enfrentan a la soledad, la presión y el estrés de tomar decisiones que pueden tener un gran impacto. Es fácil sentirse abrumado cuando todo depende de ti, cuando los errores pueden costar caro y cuando parece que no hay un camino claro a seguir. Pero aquí es donde el espíritu emprendedor realmente brilla. Es en esos momentos difíciles cuando se demuestra la verdadera pasión y determinación. Un emprendedor no se deja vencer por las dificultades; las enfrenta con valentía y encuentra la manera de seguir adelante.

El espíritu emprendedor también tiene una faceta creativa. Ser emprendedor es, en muchos sentidos, ser un creador. No se trata solo de construir un negocio, sino de darle forma a algo que antes no existía. Es la capacidad de ver posibilidades donde otros solo ven problemas, de encontrar soluciones innovadoras y de transformar ideas en realidad. Esta creatividad es lo que permite a los emprendedores diferenciarse en un mercado saturado, encontrar nichos únicos y ofrecer algo que realmente resuene con los clientes.

Por último, el espíritu emprendedor está profundamente arraigado en el deseo de tener un impacto. Para muchos emprendedores, el objetivo final no es solo el éxito personal, sino también hacer una diferencia en la vida de los demás. Ya sea a través de la creación de empleos, la mejora de la calidad de vida de los clientes o la contribución a la comunidad, los emprendedores a menudo buscan dejar una huella positiva en el mundo. Este sentido de propósito es lo que los motiva a seguir adelante, incluso cuando las cosas se ponen difíciles.

En resumen, el espíritu emprendedor es una combinación única de pasión, determinación, creatividad, y la voluntad de asumir riesgos y aprender continuamente. Es lo que impulsa a las personas a transformar ideas en realidades, a superar obstáculos y a construir algo que tiene el potencial de cambiar el mundo. Ser emprendedor no es fácil, pero para aquellos que tienen el espíritu emprendedor, no hay mayor satisfacción que ver cómo una idea cobra vida y empieza a tener un impacto real. Es una aventura llena de desafíos, pero también de enormes recompensas para aquellos que están dispuestos a tomar el riesgo y a perseguir sus sueños con todo su ser.

Encontrando tu Pasión y Nicho

Encontrar tu pasión y tu nicho es uno de los primeros y más importantes pasos en el camino del emprendimiento. Este proceso no solo determina la dirección de tu negocio, sino que también influye en tu motivación diaria y en tu capacidad para enfrentar los desafíos que inevitablemente surgirán. Tu pasión es esa chispa que te impulsa a seguir adelante, mientras que tu nicho es el espacio específico en el mercado donde tu pasión puede transformarse en un negocio exitoso.

La pasión es algo que te mueve desde dentro. Es lo que te entusiasma, lo que te hace sentir vivo. Puede ser una actividad, un tema o un problema que te obsesiona resolver. Pero, ¿cómo encuentras tu verdadera pasión? A veces, la pasión no es algo que aparece de la noche a la mañana, sino que se descubre a través de la experimentación y la reflexión. Comienza preguntándote: ¿Qué harías incluso si no te pagaran por ello? ¿Qué temas te interesan tanto que podrías pasar horas investigándolos sin cansarte? ¿Qué tipo de actividades te hacen perder la noción del tiempo? Responder a estas preguntas puede darte pistas sobre lo que realmente te apasiona.

Es importante entender que la pasión no siempre es algo evidente o grandioso. No todos nacemos sabiendo exactamente lo que queremos hacer. Algunas personas descubren su pasión mientras trabajan en algo que inicialmente no parecía tan emocionante. Otras encuentran su pasión a través de hobbies o actividades extracurriculares que luego se convierten en el centro de su vida. Lo fundamental es estar abierto a explorar y experimentar con diferentes cosas hasta que encuentres esa actividad que realmente te enciende.

Una vez que tienes una idea clara de lo que te apasiona, el siguiente paso es encontrar un nicho. El nicho es el segmento específico del mercado donde tu pasión puede transformarse en un negocio rentable. No basta con tener una pasión; necesitas asegurarte de que haya un mercado para ello. Aquí es donde entra en juego la investigación de mercado. Es esencial identificar a quién le interesa lo que ofreces, quién estaría dispuesto a pagar por ello y cómo puedes diferenciarte de la competencia.

Para encontrar tu nicho, comienza por analizar las necesidades y deseos de las personas que comparten tu pasión. Por ejemplo, si tu pasión es la cocina, podrías preguntarte: ¿Hay un grupo de personas que busca recetas saludables y fáciles de preparar? ¿Existen productos alimenticios específicos que faltan en el mercado? Al enfocarte en un grupo específico de personas y sus necesidades, puedes encontrar un nicho en el que tu pasión no solo sea útil, sino también valorada.

Además, es crucial considerar la competencia. No se trata solo de encontrar un nicho, sino de encontrar un nicho en el que puedas destacarte. Si descubres que el mercado ya está saturado con negocios similares, quizás sea necesario refinar aún más tu enfoque o buscar una manera única de ofrecer tu producto o servicio. Diferenciarte de la competencia puede ser la clave para captar la atención de tu público objetivo y construir un negocio sostenible.

Una vez que hayas identificado tu nicho, el siguiente paso es validar tu idea. Esto significa comprobar si realmente hay una demanda por lo que planeas ofrecer.

Puedes hacerlo hablando con posibles clientes, realizando encuestas, o incluso lanzando un producto mínimo viable (MVP) para ver cómo responde el mercado. Validar tu idea te ahorrará tiempo y recursos, y te dará la confianza para seguir adelante con tu proyecto.

Pero no todo es racionalidad y análisis. Encontrar tu pasión y nicho también tiene mucho que ver con escuchar tu intuición. A veces, los datos pueden decir una cosa, pero tu instinto te lleva en otra dirección. No tengas miedo de seguir tu corazonada si sientes que hay algo que realmente te llama. Al final del día, el emprendimiento es un equilibrio entre la cabeza y el corazón. Tomar decisiones informadas es crucial, pero también lo es hacer lo que realmente te apasiona.

Es importante recordar que tanto tu pasión como tu nicho pueden evolucionar con el tiempo. Lo que te apasiona hoy puede cambiar mañana, y el mercado también puede cambiar. Por eso, es esencial mantener una mentalidad abierta y flexible. Estar dispuesto a adaptarte y a reinventarte es una habilidad valiosa en el mundo del emprendimiento. A medida que avances en tu camino empresarial, puede que descubras nuevas pasiones o que encuentres un nicho aún más específico donde puedas prosperar.

Finalmente, no olvides que el proceso de encontrar tu pasión y nicho es único para cada persona. No hay un camino correcto o incorrecto. Algunos encuentran su pasión rápidamente, mientras que otros tardan años en descubrirla. Lo importante es no desanimarse y seguir explorando hasta que encuentres ese punto donde tu pasión y el mercado se cruzan. Ese es el lugar donde tu negocio tiene el mayor potencial de éxito.

En conclusión, encontrar tu pasión y nicho es una mezcla de autodescubrimiento, investigación y, en última instancia, de confiar en ti mismo. Es un proceso que requiere tiempo, paciencia y, a veces, un poco de coraje para seguir tu propio camino, incluso cuando otros no lo entienden. Pero cuando encuentras esa combinación perfecta, cuando tu pasión se alinea con un nicho rentable, es ahí donde comienzas a construir un negocio que no solo te sustenta, sino que también te satisface profundamente.

Investigación de Mercado

La investigación de mercado es una herramienta fundamental para cualquier emprendedor que quiera transformar una idea en un negocio exitoso. Es el proceso de recopilar, analizar y comprender la información sobre el mercado en el que planeas ingresar. Sin una investigación de mercado adecuada, estarías navegando a ciegas, tomando decisiones basadas en suposiciones en lugar de hechos. La investigación de mercado te proporciona el conocimiento necesario para entender a tus clientes, identificar a tus competidores y descubrir las oportunidades y desafíos que enfrentarás. Es como el mapa que te guiará en el viaje de construir tu negocio.

Para empezar, es importante entender qué es el mercado en términos simples. El mercado está compuesto por todas las personas que podrían estar interesadas en tu producto o servicio. Estas personas tienen necesidades, deseos y problemas específicos que tu negocio podría resolver. Tu objetivo con la investigación de mercado es conocer a estas personas, entender qué es lo que quieren y cómo puedes ofrecerles algo que realmente valoren.

La primera etapa de la investigación de mercado es definir claramente quiénes son tus clientes potenciales, también conocidos como tu público objetivo. Imagina que tienes un negocio de venta de ropa deportiva. En lugar de pensar en "todas las personas que hacen ejercicio" como tu mercado, es mucho más efectivo ser específico. Por ejemplo, podrías enfocarte en "mujeres jóvenes de entre 20 y 30 años que practican yoga y buscan ropa sostenible." Al identificar un grupo específico, puedes diseñar productos y estrategias de marketing que realmente resuenen con ellos.

Una vez que hayas identificado tu público objetivo, el siguiente paso es conocerlo a fondo. Esto implica hacer preguntas clave como: ¿Qué problemas o necesidades tienen? ¿Qué los motiva a comprar? ¿Dónde suelen buscar información antes de tomar una decisión de compra? ¿Qué características valoran más en un producto o servicio? Para responder a estas preguntas, puedes utilizar diversas técnicas de investigación.

Una de las técnicas más comunes es la encuesta. Las encuestas te permiten recopilar información directa de tus clientes potenciales. Puedes hacer preguntas específicas sobre sus hábitos, preferencias y opiniones. Las encuestas pueden realizarse en línea, a través de redes sociales o en persona. Asegúrate de que las preguntas sean claras y concisas, y ofrece opciones de respuesta que faciliten la recopilación de datos útiles.

Otra técnica valiosa es la observación. Esto significa ver cómo se comportan las personas en su entorno natural, sin interferir ni hacer preguntas directas. Si tienes una tienda física, podrías observar cómo los clientes se mueven por la tienda, qué productos llaman más su atención o cuánto tiempo pasan mirando un artículo antes de comprarlo. La observación te proporciona insights valiosos que a veces las encuestas no pueden captar.

Además de conocer a tus clientes, es crucial entender a tus competidores. Analizar la competencia te da una idea de lo que ya existe en el mercado, lo que te permite encontrar formas de diferenciarte. Comienza por identificar a las empresas que ofrecen productos o servicios similares a los tuyos. Luego, analiza aspectos como sus precios, la calidad de sus productos, su estrategia de marketing, y la experiencia del cliente que ofrecen. ¿Qué están haciendo bien? ¿En qué aspectos crees que podrías superarlos? Este análisis te ayudará a identificar las fortalezas y debilidades de tus competidores, y te dará pistas sobre cómo posicionar tu negocio.

Además del análisis de la competencia, es útil realizar un análisis FODA (Fortalezas, Oportunidades, Debilidades, Amenazas). Esta herramienta te permite evaluar tanto los factores internos (fortalezas y debilidades) como los externos (oportunidades y amenazas) que podrían influir en tu negocio. Por ejemplo, una fortaleza podría ser la calidad excepcional de tu producto, mientras que una amenaza podría ser la entrada de un nuevo competidor en tu mercado. Al tener claras estas variables, puedes diseñar estrategias que maximicen tus fortalezas y oportunidades, y minimicen tus debilidades y amenazas.

La investigación de mercado también incluye la identificación de tendencias en la industria. Las tendencias son cambios o patrones que están emergiendo en el mercado y que podrían afectar tu negocio. Por ejemplo, en la última década, ha habido un aumento en la demanda de productos ecológicos y sostenibles. Si observas una tendencia relevante para tu mercado, podrías ajustar tu producto o estrategia para alinearte con esa tendencia. Estar al tanto de las tendencias te permite adelantarte a la competencia y satisfacer mejor las necesidades cambiantes de tus clientes.

Una vez que hayas recopilado toda esta información, es esencial analizarla y sacar conclusiones claras. No se trata solo de acumular datos, sino de convertir esos datos en insights accionables. Pregúntate: ¿Qué he aprendido sobre mis clientes? ¿Cómo puedo utilizar esta información para mejorar mi producto o servicio? ¿Qué oportunidades he descubierto que podría aprovechar? ¿Cómo puedo diferenciarme de la competencia? Las respuestas a estas preguntas te ayudarán a tomar decisiones informadas y estratégicas para tu negocio.

Finalmente, es importante recordar que la investigación de mercado no es un esfuerzo único. El mercado, los clientes y la competencia están en constante cambio, por lo que es esencial realizar investigaciones de manera continua. Esto no significa que debas realizar un estudio exhaustivo cada mes, pero sí que deberías estar siempre atento a las señales del mercado, escuchar a tus clientes y estar dispuesto a adaptar tu estrategia cuando sea necesario. La capacidad de adaptarse a los cambios es una de las características más valiosas de un emprendedor exitoso.

En resumen, la investigación de mercado es la clave para entender el terreno en el que estás jugando. Te proporciona el conocimiento necesario para diseñar un negocio que realmente resuene con tus clientes, te ayuda a identificar y superar a la competencia, y te permite descubrir nuevas oportunidades. Es un proceso que requiere tiempo y esfuerzo, pero que vale la pena, ya que reduce los riesgos y aumenta tus probabilidades de éxito. Al final del día, un emprendedor informado es un emprendedor preparado, y la investigación de mercado es la herramienta que te dará la ventaja competitiva que necesitas para triunfar.

Lucie Dupont

Plan de Negocios

El plan de negocios es como el mapa que te guiará en el viaje de emprender. Imagina que estás a punto de embarcarte en una aventura hacia un destino desconocido. Sin un mapa, podrías perderte, tomar rutas equivocadas o incluso abandonar el viaje antes de llegar a tu meta. El plan de negocios cumple exactamente esa función: es una guía detallada que te ayuda a entender hacia dónde vas, cómo llegarás allí y qué recursos necesitarás en el camino. Es una herramienta esencial para transformar una idea en un negocio viable, permitiéndote planificar cada paso con claridad y confianza.

Algunas personas piensan que un plan de negocios es solo un documento para atraer a inversores, pero es mucho más que eso. Es un ejercicio de reflexión y organización que te obliga a pensar en todos los aspectos de tu negocio antes de lanzarte al mercado. Un buen plan de negocios te ayuda a prever problemas, definir estrategias y establecer metas claras. Te da una visión global de tu empresa y te mantiene enfocado en lo que realmente importa, evitando que te distraigas con detalles irrelevantes.

Comencemos por la estructura básica de un plan de negocios. Aunque cada plan puede variar dependiendo del tipo de negocio y del público al que va dirigido, hay algunos elementos fundamentales que deben incluirse. Estos son: la descripción de tu empresa, el análisis de mercado, la organización y gestión, el producto o servicio que ofreces, el plan de marketing, el plan operativo y el plan financiero. Vamos a explorar cada uno de estos elementos de manera sencilla y directa.

Primero, la descripción de tu empresa. Aquí es donde explicas en qué consiste tu negocio, cuál es su misión y qué lo hace único. Es el lugar para presentar la visión que tienes para tu empresa y los valores que la guían. Imagina que estás contando la historia de tu negocio a alguien que no sabe nada sobre él. ¿Qué dirías? ¿Cómo lo describirías de manera atractiva y convincente? Este es el momento de captar la atención y mostrar por qué tu negocio merece existir.

Luego, viene el análisis de mercado. En esta sección, utilizas toda la información que has recopilado en tu investigación de mercado para demostrar que hay una necesidad real para tu producto o servicio. Aquí hablas sobre tu público objetivo, sus necesidades y deseos, y cómo tu negocio planea satisfacerlos. También es el lugar para analizar a la competencia: ¿Quiénes son tus competidores? ¿Qué están haciendo bien y en qué áreas podrías superarlos? El objetivo de esta sección es mostrar que entiendes el mercado en el que estás entrando y que has identificado una oportunidad que puedes aprovechar.

El siguiente paso es la organización y gestión. Aquí describes cómo se estructurará tu empresa y quiénes serán las personas clave en su funcionamiento. Si tienes socios, este es el lugar para presentar sus roles y responsabilidades. También es importante hablar sobre la cultura organizacional que quieres crear. ¿Cómo planeas liderar a tu equipo? ¿Qué tipo de ambiente de trabajo quieres fomentar? Incluso si eres un emprendedor solitario, esta sección es crucial porque te obliga a pensar en cómo manejarás todos los aspectos operativos y administrativos de tu negocio.

Ahora llegamos a la descripción de tu producto o servicio. Esta es una de las secciones más importantes del plan de negocios porque es donde explicas qué es lo que realmente ofreces al mercado. Describe tu producto o servicio de manera detallada: ¿Qué problema resuelve? ¿Qué lo hace diferente de otras opciones en el mercado? ¿Qué beneficios aporta a tus clientes? No te limites a hablar de las características; enfócate en el valor que estás entregando. Recuerda que las personas no compran productos, compran soluciones a sus problemas o satisfacciones para sus necesidades.

El plan de marketing es el siguiente paso. Aquí detallas cómo planeas atraer y retener clientes. Comienza por describir tu estrategia de posicionamiento: ¿Cómo quieres que tus clientes te perciban en el mercado? Luego, habla sobre las tácticas de marketing que utilizarás para llegar a tu público objetivo. Esto puede incluir publicidad, marketing digital, redes sociales, promociones y relaciones públicas. También es importante definir cómo medirás el éxito de tus esfuerzos de marketing. ¿Qué métricas utilizarás para evaluar si estás alcanzando tus objetivos?

El plan operativo describe el día a día de tu negocio. Aquí es donde explicas cómo se producirán y entregarán tus productos o servicios. Detalla los procesos clave, los proveedores que utilizarás, la logística y cualquier otro aspecto relacionado con la operación diaria de tu empresa. Es esencial ser realista y específico en esta sección, ya que cualquier falla en la operación puede tener un impacto directo en la satisfacción del cliente y, en última instancia, en el éxito de tu negocio.

Finalmente, llegamos al plan financiero, que es uno de los componentes más críticos del plan de negocios. Aquí presentas proyecciones financieras como el flujo de caja, el estado de resultados y el balance general. También es el lugar para discutir cómo planeas financiar tu negocio, ya sea a través de inversión inicial, préstamos o ganancias reinvertidas. El plan financiero no solo muestra cómo planeas hacer dinero, sino también cómo manejarás los costos y qué tan rentable esperas que sea tu negocio a largo plazo. Para los inversores y prestamistas, esta es la sección que les demuestra si tu negocio es una buena apuesta.

Es importante recordar que un plan de negocios no es un documento estático. Es una guía viva que debería evolucionar junto con tu negocio. A medida que creces y te enfrentas a nuevas circunstancias, es probable que necesites ajustar tus estrategias y metas. No tengas miedo de volver al plan, revisarlo y hacer los cambios necesarios. La flexibilidad es clave en el emprendimiento, y un plan de negocios bien elaborado es lo suficientemente sólido como para guiarte, pero también lo suficientemente flexible como para adaptarse a nuevas realidades.

En resumen, el plan de negocios es tu hoja de ruta en el camino del emprendimiento. Es un ejercicio que te obliga a pensar en cada aspecto de tu negocio antes de dar el salto. Al escribirlo, te darás cuenta de que no solo estás planeando un negocio, sino también preparándote mental y emocionalmente para los desafíos que vienen. Un buen plan de negocios no garantiza el éxito, pero te coloca en una posición mucho mejor para alcanzarlo. Es tu mejor defensa contra la incertidumbre y tu mejor herramienta para construir un negocio sólido y sostenible.

Estructura Legal y Aspectos Financieros

Cuando decides emprender un negocio, uno de los pasos más importantes que debes tomar es definir la estructura legal de tu empresa y entender los aspectos financieros que te ayudarán a gestionar y hacer crecer tu negocio. La estructura legal que elijas tendrá un impacto en cómo operas, cómo pagas impuestos, cómo manejas la responsabilidad legal y cómo obtienes financiamiento. Del mismo modo, comprender los aspectos financieros es esencial para tomar decisiones informadas, gestionar los recursos y asegurar la viabilidad a largo plazo de tu emprendimiento. Este capítulo te guiará a través de estos temas fundamentales de manera simple y directa.

Comencemos por la estructura legal. Cuando hablamos de estructura legal, nos referimos a la forma en la que tu negocio estará legalmente organizado. Existen varias opciones, y cada una tiene sus propias ventajas y desventajas. Las más comunes son el negocio unipersonal, la sociedad, la sociedad de responsabilidad limitada (SRL) y la corporación. Elegir la estructura adecuada es crucial porque afectará la forma en que administras tu negocio y tu relación con las leyes y regulaciones.

La empresa unipersonal es la estructura más sencilla y común para pequeños negocios. Como propietario único, eres el único responsable de todas las decisiones y operaciones del negocio. Esto significa que también eres personalmente responsable de todas las deudas y obligaciones. Si bien esto puede ser un riesgo, la ventaja es que tienes control total sobre tu negocio y puedes tomar decisiones rápidamente. Además, los costos iniciales y los trámites legales suelen ser mínimos. Sin embargo, es importante recordar que, en una empresa unipersonal, no hay distinción legal entre tus activos personales y los de la empresa, lo que significa que podrías perder tus bienes personales si el negocio enfrenta problemas financieros.

La sociedad es una estructura en la que dos o más personas se asocian para administrar y operar un negocio. Existen diferentes tipos de sociedades, como la sociedad general y la sociedad limitada. En una sociedad general, todos los socios comparten las responsabilidades, ganancias y pérdidas del negocio, y también son personalmente responsables de las deudas. En una sociedad limitada, algunos socios tienen una responsabilidad limitada, lo que significa que solo arriesgan la cantidad que han invertido en el negocio. La ventaja de una sociedad es que puedes combinar recursos y habilidades con otros, lo que puede fortalecer el negocio. Sin embargo, también es importante tener en cuenta que las relaciones entre socios deben manejarse cuidadosamente, ya que las decisiones de uno pueden afectar a todos.

Una sociedad de responsabilidad limitada (SRL) combina características de una sociedad y una corporación. Los propietarios (socios) tienen una responsabilidad limitada, lo que significa que no son personalmente responsables de las deudas del negocio, pero el negocio puede beneficiarse de una estructura de gestión más flexible que una corporación. En una SRL, los socios pueden decidir cómo se distribuirán las ganancias y cómo se gestionará el negocio. Esta estructura es ideal para pequeños negocios que quieren proteger los activos personales de los propietarios sin la formalidad de una corporación.

Finalmente, está la corporación, que es una entidad legal independiente de sus propietarios. Esto significa que la corporación puede tener activos, incurrir en deudas y ser demandada, todo sin afectar directamente a los propietarios. La principal ventaja de una corporación es la protección que ofrece a los accionistas (propietarios), ya que su responsabilidad se limita a la cantidad que han invertido. Sin embargo, crear y mantener una corporación es más complejo y costoso que otras estructuras. Implica más trámites legales, la necesidad de llevar registros detallados y cumplir con más regulaciones. Además, las corporaciones están sujetas a impuestos corporativos, lo que puede ser una desventaja dependiendo de la situación financiera del negocio.

Después de elegir la estructura legal adecuada, es vital entender los aspectos financieros que sustentan tu negocio. La gestión financiera es el corazón de cualquier empresa, ya que un mal manejo de las finanzas puede llevar rápidamente a problemas graves, incluso si el negocio está funcionando bien en otros aspectos. Los aspectos financieros abarcan desde la planificación inicial de tu presupuesto hasta la gestión diaria del flujo de caja, pasando por la obtención de financiamiento y la planificación para el crecimiento futuro.

El primer paso en la gestión financiera es elaborar un presupuesto. Un presupuesto es un plan que proyecta tus ingresos y gastos para un período determinado, generalmente un año. Te ayuda a anticipar cuánto dinero necesitarás para operar y cómo planeas generar esos ingresos. Un presupuesto sólido te permite prever posibles problemas financieros y ajustar tus gastos antes de que se conviertan en un problema. Para crear un presupuesto, comienza por estimar tus ingresos. Esto puede incluir ventas, servicios y cualquier otra fuente de ingresos. Luego, detalla todos los gastos, incluyendo costos fijos como alquiler y salarios, y costos variables como materiales y publicidad. Comparar regularmente tu presupuesto con tus ingresos y gastos reales te permitirá mantener el control financiero de tu negocio.

Otro aspecto crucial es el flujo de caja, que se refiere a la entrada y salida de dinero en tu negocio. El flujo de caja es esencial porque incluso si tu negocio es rentable en papel, puedes tener problemas si no tienes suficiente dinero en efectivo para cubrir tus obligaciones. Mantener un flujo de caja positivo significa que tienes más dinero entrando al negocio del que sale, lo cual es fundamental para la estabilidad financiera. Una forma de gestionar el flujo de caja es asegurarte de que tus clientes paguen a tiempo y que no acumules demasiado inventario. También es útil tener una reserva de efectivo para cubrir gastos inesperados.

La contabilidad es otra pieza clave en la gestión financiera. Llevar un registro preciso de todas las transacciones financieras de tu negocio te permitirá tener una visión clara de su salud financiera. La contabilidad incluye llevar libros de cuentas, preparar estados financieros como el balance general y el estado de resultados, y cumplir con las obligaciones fiscales. Es recomendable utilizar software de contabilidad o contratar a un contador para asegurarte de que tus registros sean precisos y estén al día. Una buena contabilidad no solo te ayuda a cumplir con la ley, sino que también te proporciona la información necesaria para tomar decisiones informadas.

El financiamiento es otro tema que debes considerar desde el principio. Ya sea que necesites dinero para iniciar tu negocio, expandirlo o superar un período difícil, es importante saber dónde y cómo obtener financiamiento. Existen varias opciones, como préstamos bancarios, inversionistas, financiamiento colectivo (crowdfunding) y líneas de crédito. Cada opción tiene sus propios beneficios y riesgos. Por ejemplo, un préstamo bancario te permite mantener el control total de tu negocio, pero debes pagar intereses y cumplir con los plazos de pago. Por otro lado, los inversionistas pueden ofrecerte capital sin la necesidad de un reembolso inmediato, pero a cambio de una participación en tu empresa.

También es importante planificar para el crecimiento. A medida que tu negocio crece, tus necesidades financieras cambiarán. Es posible que necesites invertir en nuevos equipos, contratar más personal o ampliar tu espacio físico. Planificar para estos cambios con anticipación te ayudará a evitar sorpresas desagradables y a asegurar que tu negocio tenga los recursos necesarios para expandirse. Además, es importante revisar y ajustar tu plan financiero regularmente para asegurarte de que estás en el camino correcto.

Finalmente, no podemos hablar de aspectos financieros sin mencionar los impuestos. Cumplir con las obligaciones fiscales es una parte crucial de administrar un negocio. Dependiendo de la estructura legal de tu empresa y de las leyes locales, podrías estar obligado a pagar diferentes tipos de impuestos, como el impuesto sobre la renta, el impuesto sobre las ventas y las contribuciones a la seguridad social. Es vital entender qué impuestos debes pagar, cuándo y cómo. Un contador o asesor fiscal puede ser de gran ayuda para asegurarte de que estás cumpliendo con todas tus obligaciones fiscales y aprovechando cualquier deducción o crédito disponible.

En resumen, la estructura legal y los aspectos financieros son pilares fundamentales en la construcción de un negocio sólido y exitoso. Elegir la estructura legal adecuada te protege a ti y a tu empresa, mientras que una buena gestión financiera asegura que puedas operar de manera eficiente y rentable. Aunque estos temas pueden parecer complicados al principio, tomarte el tiempo para entenderlos te dará la confianza y las herramientas necesarias para tomar decisiones inteligentes y llevar tu negocio hacia el éxito.

Lucie Dupont

Financiación y Levantamiento de Capital

Uno de los mayores desafíos que enfrentan los emprendedores es conseguir el dinero necesario para poner en marcha su negocio y hacerlo crecer. Sin la financiación adecuada, incluso la mejor idea puede quedarse en el camino, sin poder despegar. Este capítulo está dedicado a explorar las distintas formas en que puedes financiar tu emprendimiento y cómo levantar el capital necesario para que tu negocio tenga un futuro sólido.

El dinero es el combustible que pone en marcha tu negocio y lo mantiene funcionando. Desde los primeros días, cuando necesitas cubrir los gastos iniciales como la compra de equipos, el alquiler de un local o la creación de un sitio web, hasta más adelante, cuando piensas en expandirte, contratar empleados o lanzar nuevas líneas de productos. Sin embargo, muchas veces los emprendedores no tienen todo el dinero que necesitan desde el principio. Aquí es donde entra en juego la financiación.

Existen varias maneras de financiar un negocio, y la mejor opción para ti dependerá de tus necesidades, el tipo de negocio que estás construyendo y tu disposición para asumir riesgos. Vamos a explorar algunas de las opciones más comunes de financiación, desde las más tradicionales hasta las más innovadoras.

La primera opción que muchos emprendedores consideran es el autofinanciamiento, también conocido como "bootstrapping". Este enfoque significa que utilizas tus propios ahorros o ingresos personales para financiar tu negocio. La ventaja principal del autofinanciamiento es que mantienes el control total de tu empresa, sin tener que rendir cuentas a inversionistas o bancos. No tienes que preocuparte por pagar intereses o ceder una parte de tu negocio a cambio de dinero. Sin embargo, la desventaja es que estás asumiendo todo el riesgo financiero tú mismo. Si las cosas no salen como esperabas, podrías perder tus ahorros. Por eso, es importante ser realista y no poner en juego más dinero del que estés dispuesto a perder.

Otra opción es acudir a los préstamos bancarios. Los bancos han sido una fuente tradicional de financiamiento para emprendedores durante mucho tiempo. Si tienes un buen historial crediticio y un plan de negocios sólido, podrías calificar para un préstamo que te proporcione el capital necesario para empezar o expandir tu negocio. La ventaja de los préstamos bancarios es que no tienes que ceder parte de tu empresa; simplemente te comprometes a devolver el dinero con intereses. Sin embargo, los préstamos bancarios también tienen sus desventajas. Los bancos suelen ser conservadores y pueden exigir garantías personales, lo que significa que si no puedes devolver el préstamo, podrían embargar tus bienes personales. Además, los trámites pueden ser largos y engorrosos, y no siempre es fácil calificar para un préstamo, especialmente si eres un emprendedor nuevo sin un historial financiero sólido.

El financiamiento a través de inversionistas es otra opción que podría ser atractiva, especialmente si necesitas una suma considerable de dinero. Los inversionistas, también conocidos como "ángeles inversionistas" o "capitalistas de riesgo", son personas o empresas que están dispuestas a invertir dinero en tu negocio a cambio de una participación en la empresa. La ventaja de este tipo de financiamiento es que puedes obtener grandes sumas de dinero que pueden acelerar el crecimiento de tu negocio. Además, muchos inversionistas aportan más que dinero; también ofrecen asesoramiento, contactos y experiencia que pueden ser invaluables. Sin embargo, al aceptar dinero de inversionistas, estás cediendo una parte del control de tu empresa. Tendrás que compartir las decisiones importantes y estar preparado para rendir cuentas a los inversionistas sobre el desempeño de tu negocio.

Una forma relativamente nueva e innovadora de levantar capital es el crowdfunding o financiamiento colectivo. Con el crowdfunding, presentas tu idea de negocio en una plataforma en línea y pides a la gente que contribuya con pequeñas sumas de dinero a cambio de recompensas, como productos, descuentos o acciones en la empresa. El crowdfunding ha ganado popularidad porque permite a los emprendedores obtener financiamiento sin depender de bancos o inversionistas tradicionales. Además, es una excelente manera de validar tu idea de negocio, ya que si mucha gente está dispuesta a financiarla, es probable que también estén interesados en comprar tus productos o servicios. Sin embargo, el crowdfunding requiere mucho trabajo en la preparación de la campaña, la promoción y el cumplimiento de las promesas a los patrocinadores. También hay que tener en cuenta que no todas las campañas de crowdfunding tienen éxito.

El capital de riesgo es una forma especializada de inversión que generalmente está disponible para startups con alto potencial de crecimiento. Las empresas de capital de riesgo invierten grandes sumas de dinero en negocios que consideran que tienen el potencial de generar rendimientos significativos. A cambio, suelen tomar una participación considerable en la empresa y pueden querer influir en su dirección estratégica. Este tipo de financiación es más común en el sector tecnológico, donde las empresas pueden crecer rápidamente y necesitan grandes cantidades de capital para expandirse. Si bien el capital de riesgo puede proporcionar los fondos necesarios para un crecimiento rápido, también implica ceder una parte significativa del control y de los beneficios futuros de la empresa.

Otra opción que podrías considerar es el leasing o arrendamiento financiero. Si tu negocio necesita equipo costoso, en lugar de comprarlo directamente, puedes optar por arrendarlo. El leasing te permite utilizar el equipo a cambio de pagos mensuales, lo que puede ayudar a mantener tu flujo de caja estable. Al final del período de arrendamiento, puedes tener la opción de comprar el equipo a un precio reducido. La ventaja del leasing es que puedes acceder al equipo que necesitas sin un gran desembolso inicial de dinero. Sin embargo, a largo plazo, podrías terminar pagando más por el equipo que si lo hubieras comprado desde el principio.

Los fondos gubernamentales y subsidios también son una opción a considerar, especialmente si tu negocio opera en áreas que el gobierno quiere fomentar, como la innovación tecnológica, la sostenibilidad ambiental o el desarrollo comunitario. Los gobiernos, tanto a nivel nacional como local, a veces ofrecen subsidios, préstamos a bajo interés o créditos fiscales a emprendedores que cumplen con ciertos criterios. La ventaja de estos fondos es que a menudo son más accesibles y tienen mejores condiciones que los préstamos bancarios tradicionales. Sin embargo, el proceso para solicitarlos puede ser complejo y competitivo, y a veces hay muchas regulaciones que cumplir.

Una opción menos conocida pero interesante es la factoring o venta de facturas. Si tu negocio ya está en marcha y tienes clientes que tardan en pagar, puedes vender esas facturas a una empresa de factoring a cambio de un adelanto en efectivo. La empresa de factoring se encarga de cobrar a tus clientes y te paga el resto, menos una comisión. Esto puede ser una forma rápida de obtener dinero en efectivo sin incurrir en deudas adicionales. Sin embargo, es importante tener en cuenta que el factoring puede ser costoso y que no todos los negocios son adecuados para este tipo de financiamiento.

No importa cuál sea la opción de financiamiento que elijas, es crucial hacer una planificación financiera detallada.

Esto significa saber cuánto dinero necesitas, cómo lo usarás y cómo planeas devolverlo o generar un retorno de inversión. Un plan financiero sólido te ayudará a presentar tu caso de manera convincente a prestamistas o inversionistas y a asegurarte de que estás tomando decisiones informadas. Además, debes estar preparado para los imprevistos. No importa cuán bien planees, siempre habrá gastos inesperados o cambios en el mercado que podrían afectar tus finanzas. Tener un fondo de emergencia o una línea de crédito disponible puede ser la diferencia entre superar un obstáculo o enfrentar una crisis financiera.

Finalmente, es importante mencionar que levantar capital no es solo una cuestión de dinero. Se trata de encontrar los socios adecuados que compartan tu visión y estén dispuestos a apoyarte en las buenas y en las malas. Ya sean inversionistas, bancos o donantes en una campaña de crowdfunding, estas personas y entidades se convierten en parte de tu viaje empresarial. La relación que construyas con ellos puede tener un gran impacto en el éxito de tu negocio. Por eso, es fundamental elegir bien y construir relaciones basadas en la confianza y la transparencia.

En resumen, la financiación y el levantamiento de capital son aspectos cruciales en el camino de cualquier emprendedor. No se trata solo de conseguir dinero, sino de elegir las opciones que mejor se adapten a tus necesidades y a la etapa en la que se encuentra tu negocio. Con una buena estrategia de financiación y un manejo cuidadoso de los recursos, podrás no solo poner en marcha tu negocio, sino también llevarlo al siguiente nivel, asegurando su crecimiento y sostenibilidad a largo plazo.

Construcción de una Marca Sólida

Construir una marca sólida es uno de los aspectos más importantes para cualquier negocio. Tu marca es mucho más que un simple logo o un nombre; es la identidad de tu empresa, la forma en que los clientes te perciben y cómo te diferencias de la competencia. En un mercado cada vez más saturado, tener una marca fuerte puede ser la clave para destacar y atraer a los clientes adecuados. En este capítulo, exploraremos cómo puedes construir una marca que no solo sea memorable, sino que también inspire confianza y lealtad en tus clientes.

El primer paso para construir una marca sólida es definir claramente quién eres y qué representa tu negocio. Para hacerlo, debes preguntarte: ¿Qué valores guían a tu empresa? ¿Qué problema estás resolviendo para tus clientes? ¿Qué hace que tu negocio sea único? Responder a estas preguntas te ayudará a establecer la base de tu marca. Por ejemplo, si estás iniciando un negocio de productos ecológicos, tu marca podría centrarse en la sostenibilidad y el respeto por el medio ambiente. Estos valores deben ser el núcleo de tu marca y deben reflejarse en todo lo que hagas, desde la forma en que operas hasta la manera en que te comunicas con tus clientes.

Una vez que hayas definido la identidad de tu marca, el siguiente paso es crear un nombre y un logo que representen esa identidad. El nombre de tu marca debe ser fácil de recordar, pronunciar y escribir. Además, debe ser relevante para tu industria y reflejar lo que ofreces. El logo, por su parte, es el símbolo visual de tu marca. Debe ser simple, pero lo suficientemente distintivo como para que las personas lo asocien inmediatamente con tu negocio. Al diseñar tu logo, piensa en los colores y las formas que mejor representan tu marca. Los colores tienen un gran impacto en cómo se percibe tu marca; por ejemplo, el azul a menudo se asocia con la confianza y la seguridad, mientras que el verde puede evocar sensaciones de naturaleza y tranquilidad.

Pero una marca no es solo su apariencia. Una marca sólida también se basa en la voz y el tono con los que te comunicas. Esto se refiere a la forma en que hablas con tus clientes, tanto en persona como a través de tus materiales de marketing, redes sociales y sitio web. Si tu marca es juvenil y divertida, tu tono debería ser ligero y conversacional. Si tu marca es más formal y profesional, tu tono debería reflejar esa seriedad. Mantener una voz coherente en todas las plataformas es crucial para construir una imagen de marca clara y reconocible.

La consistencia es otro factor clave en la construcción de una marca sólida. La consistencia significa que cada interacción que los clientes tienen con tu negocio, ya sea en línea, en una tienda física o en un evento, debe reflejar los mismos valores y la misma identidad de marca. Esto incluye todo, desde el diseño de tu sitio web hasta la forma en que atiendes a tus clientes. La consistencia crea confianza porque los clientes saben qué esperar de ti. Si un día tu marca es moderna y vanguardista, y al siguiente es conservadora y tradicional, los clientes pueden confundirse y desconfiar de tu negocio.

El mensaje de tu marca es otro elemento importante. Este es el mensaje clave que quieres que tus clientes recuerden sobre tu negocio. Debe ser claro, conciso y alineado con los valores de tu marca. Un buen mensaje de marca no solo informa a los clientes sobre lo que ofreces, sino que también resuena emocionalmente con ellos. Por ejemplo, si tu negocio se centra en productos hechos a mano, tu mensaje de marca podría destacar la autenticidad, la artesanía y el cuidado que pones en cada producto. Este mensaje debe estar presente en todos los aspectos de tu marketing, desde los eslóganes hasta las publicaciones en redes sociales.

Construir una marca sólida también implica entender a tu audiencia. Para conectar realmente con tus clientes, necesitas saber quiénes son, qué les importa y cómo puedes satisfacer sus necesidades de una manera única. Investiga a tu audiencia objetivo: ¿Qué edad tienen? ¿Dónde viven? ¿Cuáles son sus intereses y preocupaciones? Esta información te ayudará a adaptar tu marca para que hable directamente a las personas que más probabilidades tienen de convertirse en tus clientes leales. Por ejemplo, si tu audiencia está formada principalmente por jóvenes preocupados por el medio ambiente, tu marca debería reflejar esos valores, tanto en los productos que ofreces como en la forma en que los presentas.

Una vez que tengas una marca bien definida, necesitas promoverla de manera efectiva. Hoy en día, las redes sociales son una de las herramientas más poderosas para dar a conocer tu marca. Plataformas como Instagram, Facebook, TikTok y LinkedIn te permiten llegar a una audiencia amplia y diversa, y también te ofrecen la oportunidad de interactuar directamente con tus clientes. Al utilizar las redes sociales, asegúrate de mantener la coherencia de tu marca en todas las publicaciones. Comparte contenido que sea relevante para tu audiencia y que refuerce los valores de tu marca. Además, no tengas miedo de mostrar el lado humano de tu negocio. Las personas se conectan con personas, no con logos, así que muestra quién está detrás de la marca, comparte historias y celebra tus logros.

El servicio al cliente es otro pilar fundamental en la construcción de una marca sólida. La forma en que tratas a tus clientes dice mucho sobre tu marca. Un servicio al cliente excepcional puede convertir a los compradores ocasionales en defensores leales de tu marca. Asegúrate de que todos los miembros de tu equipo comprendan la importancia de ofrecer un servicio amable, rápido y eficaz. Responde a las preguntas y quejas de los clientes con empatía y busca siempre resolver los problemas de manera que dejen a los clientes satisfechos. Recuerda, una experiencia positiva puede llevar a una recomendación boca a boca, que es una de las formas más efectivas de atraer nuevos clientes.

A medida que tu negocio crece, es importante que tu marca evolucione con él. Esto no significa que debas cambiar constantemente tu identidad, pero sí estar dispuesto a adaptarte a nuevas tendencias y a las necesidades cambiantes de tus clientes. Escucha los comentarios de tus clientes y observa cómo responden a tu marca. Si notas que algo no está funcionando, no tengas miedo de hacer ajustes. La clave es mantener la esencia de tu marca mientras te mantienes relevante en un mercado en constante cambio.

Además, una marca sólida no solo atrae a clientes, sino que también puede ayudarte a atraer talento. Las personas quieren trabajar para empresas que representen algo más que un simple negocio. Quieren formar parte de una marca que tenga un propósito, que se preocupe por sus empleados y que haga una diferencia en el mundo. Una marca fuerte puede ser un imán para el talento, ayudándote a construir un equipo que esté tan comprometido con tu visión como tú.

Finalmente, recuerda que construir una marca sólida es un proceso continuo. No es algo que se logra de la noche a la mañana. Requiere tiempo, esfuerzo y una planificación cuidadosa. Pero con dedicación y una estrategia clara, puedes construir una marca que no solo sea reconocida, sino también respetada y querida por tus clientes. Una marca sólida es un activo valioso que puede diferenciarte de la competencia, fortalecer la lealtad de tus clientes y, en última instancia, llevar tu negocio al éxito a largo plazo.

Estrategias de Marketing Inicial

El marketing es el motor que impulsa cualquier negocio, y cuando estás comenzando, es crucial que desarrolles una estrategia de marketing sólida y efectiva. No importa qué tan bueno sea tu producto o servicio, si las personas no saben que existe, no tendrás éxito. Por eso, en este capítulo vamos a explorar cómo puedes crear y ejecutar estrategias de marketing iniciales que te ayuden a ganar visibilidad, atraer clientes y empezar a construir una base sólida para tu negocio.

Lo primero que debes entender es que el marketing no se trata solo de promocionar tu producto o servicio. Se trata de crear relaciones con tus clientes potenciales, entender sus necesidades y comunicarles cómo puedes resolver sus problemas o mejorar sus vidas. Para hacer esto de manera efectiva, necesitas comenzar con una investigación de mercado. Esto te ayudará a conocer a tu audiencia, a entender sus comportamientos, intereses y problemas, y a identificar qué tipo de mensajes resonarán mejor con ellos. Si ya has hecho una investigación de mercado previa, como mencionamos en un capítulo anterior, ahora es el momento de aplicar esos conocimientos.

Una vez que entiendas a tu audiencia, el siguiente paso es definir tus objetivos de marketing. ¿Qué es lo que quieres lograr con tu marketing inicial? ¿Buscas crear conciencia de marca, generar leads, aumentar las ventas o algo más? Tener objetivos claros te ayudará a enfocar tus esfuerzos y a medir el éxito de tus campañas. Es importante que estos objetivos sean específicos, medibles, alcanzables, relevantes y con un tiempo definido, lo que comúnmente se conoce como objetivos SMART.

Con tus objetivos en mente, es hora de desarrollar un mensaje de marketing que capte la atención de tu audiencia. Este mensaje debe ser claro, directo y centrado en los beneficios que ofreces. No se trata solo de hablar de las características de tu producto o servicio, sino de explicar cómo puede mejorar la vida de tus clientes. Por ejemplo, si estás vendiendo una aplicación de gestión del tiempo, no te limites a decir que tiene un calendario y recordatorios. Habla de cómo les ayudará a ser más productivos, a reducir el estrés y a tener más tiempo libre para hacer lo que aman.

En pocas palabras, vende una solución, no un producto.

Una vez que tengas tu mensaje, necesitas elegir los canales de marketing adecuados para difundirlo. Hoy en día, hay una gran variedad de canales disponibles, desde los más tradicionales como la publicidad en medios impresos y la radio, hasta los más modernos como las redes sociales, el email marketing y los anuncios en línea. La clave es seleccionar los canales que mejor se alineen con tu audiencia. Por ejemplo, si tu público objetivo son jóvenes de entre 18 y 30 años, es probable que las redes sociales como Instagram, TikTok y YouTube sean las mejores plataformas para alcanzarlos. Si, en cambio, tu negocio está dirigido a profesionales o empresas, LinkedIn y el email marketing pueden ser más efectivos.

Cuando estás comenzando, es recomendable centrarte en unos pocos canales de marketing en lugar de intentar abarcar todos al mismo tiempo. Esto te permitirá concentrar tus recursos y esfuerzos, y hacerlo bien en lugar de dispersarte. Un enfoque inicial común es combinar el marketing digital con algunas tácticas offline. Por ejemplo, podrías lanzar una campaña en redes sociales para generar conciencia y atraer tráfico a tu sitio web, y al mismo tiempo asistir a eventos locales o ferias para conectarte cara a cara con posibles clientes.

Hablando de redes sociales, estas plataformas son una herramienta poderosa para el marketing inicial. Crear perfiles de redes sociales para tu negocio es esencial para establecer una presencia en línea y conectarte con tu audiencia. Al hacerlo, asegúrate de mantener la coherencia de tu marca en todas las plataformas: usa los mismos colores, logos y tono de voz. Comparte contenido que sea relevante y valioso para tu audiencia, no solo promociones de tus productos. Esto podría incluir consejos, noticias de la industria, historias de éxito de clientes o incluso contenido detrás de escena de tu negocio. El objetivo es construir una comunidad y mantener a tu audiencia comprometida, no bombardearlos con publicidad.

Además de las redes sociales, otra estrategia efectiva para el marketing inicial es crear contenido que atraiga y eduque a tu audiencia. Esto se conoce como marketing de contenidos, y puede incluir blog posts, videos, infografías, guías, eBooks y más. El marketing de contenidos es una forma de establecer tu autoridad en el campo, atraer tráfico a tu sitio web y construir confianza con tus clientes potenciales. Por ejemplo, si tienes un negocio de asesoría financiera, podrías escribir artículos sobre cómo ahorrar para la jubilación o cómo invertir en el mercado de valores. Este tipo de contenido no solo te posiciona como un experto, sino que también atrae a personas interesadas en tus servicios.

Una vez que hayas captado la atención de tu audiencia, es importante convertir ese interés en acciones. Aquí es donde entran en juego las tácticas de conversión. Una de las más efectivas es ofrecer algo de valor a cambio de la información de contacto de tus visitantes. Esto podría ser un descuento, una prueba gratuita, un eBook o cualquier otro incentivo que sea atractivo para ellos. Al recolectar sus emails, puedes comenzar a nutrir esa relación a través del email marketing. Envía correos electrónicos personalizados que ofrezcan más valor, educa a tus prospectos sobre tus productos o servicios y guíalos hacia la compra.

Además de atraer y convertir clientes, es fundamental medir y analizar los resultados de tus esfuerzos de marketing. Utiliza herramientas de análisis, como Google Analytics y las métricas de las redes sociales, para monitorear el rendimiento de tus campañas. ¿Qué tácticas están funcionando? ¿Qué canales están generando más tráfico y ventas? ¿Cómo está respondiendo tu audiencia a tus mensajes? Analizar estos datos te permitirá ajustar tu estrategia en tiempo real y mejorar continuamente tus esfuerzos de marketing.

Una estrategia de marketing inicial que a menudo se pasa por alto es colaborar con otros negocios o influenciadores que compartan tu audiencia objetivo. Estas alianzas pueden ayudarte a llegar a un público más amplio y a ganar credibilidad. Por ejemplo, si tienes una tienda de ropa deportiva, podrías colaborar con un entrenador personal local para organizar un evento conjunto o promocionar mutuamente tus servicios. O si vendes productos de belleza naturales, podrías trabajar con un influenciador de belleza en Instagram que recomiende tus productos a sus seguidores. Estas colaboraciones pueden ser una forma rápida y efectiva de ganar exposición y atraer nuevos clientes.

El boca a boca sigue siendo una de las formas más poderosas de marketing, especialmente cuando estás comenzando. Asegúrate de ofrecer un producto o servicio excepcional que los clientes quieran recomendar a sus amigos y familiares. También puedes incentivar las recomendaciones ofreciendo descuentos o recompensas a aquellos que refieran nuevos clientes a tu negocio. Este tipo de marketing no solo es altamente efectivo, sino también rentable, ya que se basa en la confianza y la credibilidad que otros tienen en tu marca.

Otra estrategia importante es participar en eventos locales o de la industria. Ya sean ferias, mercados, conferencias o talleres, estos eventos te ofrecen la oportunidad de conectar directamente con tu audiencia, mostrar tus productos y crear relaciones en persona. Además, participar en eventos te ayuda a establecer tu presencia en la comunidad y a construir una red de contactos que puede ser valiosa para tu negocio.

Finalmente, no subestimes el poder de un servicio al cliente excepcional como parte de tu estrategia de marketing. Un cliente satisfecho no solo es probable que vuelva, sino que también puede convertirse en un defensor de tu marca, recomendándola a otros. Asegúrate de estar disponible para tus clientes, de responder rápidamente a sus preguntas y de resolver cualquier problema que puedan tener de manera eficiente. Un servicio al cliente excelente puede diferenciarte de la competencia y fortalecer la lealtad hacia tu marca.

En resumen, las estrategias de marketing iniciales son cruciales para dar a conocer tu negocio y empezar a construir una base de clientes leales. No necesitas un gran presupuesto para comenzar; con creatividad, una comprensión clara de tu audiencia y un enfoque en crear valor, puedes atraer y retener a tus primeros clientes. A medida que tu negocio crezca, tus estrategias de marketing evolucionarán, pero los principios que establezcas desde el principio serán la base sobre la cual construirás tu éxito. Con un marketing efectivo, puedes no solo dar a conocer tu marca, sino también crear un impacto duradero en el mercado.

Desarrollo de Producto y Servicio

El desarrollo de producto o servicio es uno de los pilares fundamentales de cualquier emprendimiento. Es el proceso mediante el cual conviertes una idea en algo tangible que tus clientes pueden comprar y utilizar. Este capítulo te guiará a través de los pasos necesarios para desarrollar un producto o servicio que no solo cumpla con las expectativas de tus clientes, sino que también se destaque en el mercado.

Todo comienza con una idea. Tal vez has identificado un problema que necesita una solución, o quizás tienes una visión para algo que crees que podría mejorar la vida de las personas. Esa idea es la semilla de tu producto o servicio. Pero una idea por sí sola no es suficiente; necesita ser desarrollada y refinada hasta convertirse en algo concreto. Este es el primer desafío del desarrollo de producto: transformar una idea en un concepto viable. Aquí es donde necesitas ser creativo, pero también realista. Piensa en cómo tu idea puede ser convertida en algo práctico, útil y deseado por tus clientes.

Una vez que tengas una idea clara, el siguiente paso es definir las características clave de tu producto o servicio. ¿Qué lo hará único? ¿Cuáles son sus beneficios principales? ¿Qué problemas resolverá para tus clientes? Es importante ser específico en esta etapa. Por ejemplo, si estás desarrollando una nueva aplicación de fitness, no basta con decir que ayudará a las personas a ponerse en forma. ¿Ofrecerá entrenamientos personalizados? ¿Tendrá una función de seguimiento de progreso? ¿Será compatible con dispositivos portátiles? Cuanto más claras y detalladas sean las características, mejor podrás planificar y desarrollar tu producto.

Después de definir las características, es fundamental que consideres la calidad y la funcionalidad de tu producto o servicio. Los clientes tienen altas expectativas, y si tu producto no cumple con esas expectativas, no solo perderás ventas, sino que también podrías dañar la reputación de tu marca. Por lo tanto, debes asegurarte de que cada aspecto de tu producto funcione correctamente y esté bien diseñado. Esto podría implicar pruebas rigurosas, revisiones de diseño, y quizás varias versiones antes de llegar al producto final. La calidad debe ser una prioridad desde el principio.

A medida que desarrollas tu producto, también necesitas pensar en su diferenciación en el mercado. En un mundo lleno de opciones, ¿por qué elegirán los clientes tu producto en lugar de otro? Aquí es donde entra en juego la propuesta de valor. Tu producto debe ofrecer algo que los demás no ofrecen, o hacerlo de una manera que sea superior o más atractiva para tus clientes. Puede ser una característica innovadora, un diseño excepcional, un precio competitivo, o un enfoque único en la experiencia del usuario. La diferenciación es clave para destacarte en un mercado competitivo.

El costo de desarrollo es otro factor crucial a considerar. Desde la investigación inicial y el diseño, hasta la producción y la distribución, el desarrollo de un producto o servicio requiere una inversión significativa de tiempo y dinero. Es vital que gestiones estos costos de manera efectiva y que te asegures de que tu producto pueda ser rentable. Esto significa realizar un análisis detallado de los costos y establecer un presupuesto realista. A veces, esto también implica tomar decisiones difíciles sobre qué características son esenciales y cuáles pueden ser eliminadas o pospuestas para futuras versiones del producto.

Otro aspecto importante del desarrollo de producto es la iteración. Muy pocas ideas son perfectas desde el principio, y es probable que necesites ajustar tu producto varias veces antes de que esté listo para el mercado. Esto puede implicar recibir retroalimentación de pruebas iniciales, hacer cambios basados en esa retroalimentación, y luego probar nuevamente. La iteración es un proceso continuo que te permite mejorar y refinar tu producto hasta que cumpla con tus expectativas y las de tus clientes. No temas cometer errores en este proceso; son parte natural del desarrollo de un producto exitoso.

Una vez que tienes un producto o servicio bien desarrollado, es esencial pensar en la experiencia del cliente. ¿Cómo interactuarán los clientes con tu producto? ¿Será fácil de usar? ¿Qué tipo de soporte o asistencia necesitarán? La experiencia del cliente abarca todo, desde el momento en que escuchan sobre tu producto por primera vez, hasta la compra, el uso, y el servicio post-venta. Asegúrate de que cada paso del camino esté diseñado para ofrecer la mejor experiencia posible. Un producto que sea difícil de usar o que no cuente con un buen servicio al cliente puede dañar seriamente tu reputación y afectar tus ventas.

El lanzamiento del producto es otro momento crítico. Después de todo el trabajo de desarrollo, necesitas planificar cuidadosamente cómo y cuándo presentarás tu producto al mundo. Un buen lanzamiento puede generar un gran interés y entusiasmo, mientras que un lanzamiento mal planificado puede pasar desapercibido. Considera cómo vas a anunciar tu producto, a través de qué canales, y qué tipo de promoción utilizarás para atraer la atención. Puede ser útil coordinar el lanzamiento con una campaña de marketing fuerte para asegurarte de que tu producto llegue a la mayor cantidad de personas posible.

Después del lanzamiento, el trabajo no ha terminado. De hecho, en muchos casos, el verdadero trabajo comienza una vez que tu producto está en el mercado. Necesitas monitorear el rendimiento del producto, recolectar y analizar la retroalimentación de los clientes, y estar dispuesto a hacer ajustes o mejoras según sea necesario. Escuchar a tus clientes es fundamental; sus opiniones te darán valiosas ideas sobre qué está funcionando y qué necesita ser mejorado. A veces, esto significa lanzar actualizaciones o nuevas versiones de tu producto para satisfacer mejor las necesidades de tus clientes.

Finalmente, es importante pensar en la escala y la expansión. A medida que tu producto o servicio gana tracción, debes considerar cómo puedes escalar tu negocio para atender a más clientes y entrar en nuevos mercados. Esto puede implicar aumentar la producción, expandir tu distribución, o incluso diversificar tu línea de productos. La clave aquí es crecer de manera sostenible, asegurándote de que tu negocio pueda manejar el aumento de la demanda sin comprometer la calidad o la experiencia del cliente.

El desarrollo de producto o servicio es un proceso complejo, pero también es una de las partes más emocionantes de construir un negocio. Es donde tu visión se convierte en realidad, donde una idea se transforma en algo que puede hacer una diferencia en la vida de las personas. Con una planificación cuidadosa, atención a los detalles y una disposición para aprender y adaptarse, puedes crear un producto o servicio que no solo sea exitoso, sino también significativo y duradero en el mercado.

Lucie Dupont

Construyendo un Equipo

En el viaje de emprender, pocas cosas son tan importantes como el equipo que te rodea. Si bien al principio puede que hagas todo por tu cuenta, llegará el momento en que necesitarás contar con un grupo de personas que te ayuden a llevar tu negocio al siguiente nivel. Un equipo bien formado puede marcar la diferencia entre el éxito y el fracaso, ya que, en última instancia, nadie puede hacerlo todo solo. La construcción de un equipo sólido es un arte que requiere paciencia, visión y, sobre todo, una comprensión profunda de las personas con las que trabajarás.

El primer paso para construir un equipo es entender qué tipo de personas necesitas para hacer crecer tu negocio. Esto puede parecer obvio, pero es importante reflexionar sobre las habilidades y experiencias que tu equipo debe tener. Piensa en las áreas clave de tu negocio: puede que necesites a alguien que maneje las finanzas, otra persona que se enfoque en el marketing, y tal vez un experto en el desarrollo de producto. A medida que identifiques estos roles, considera también las cualidades personales que valoras en un compañero de equipo, como la capacidad de trabajar bajo presión, la creatividad, o una actitud positiva. Recuerda que las habilidades se pueden enseñar, pero la actitud y los valores son mucho más difíciles de cambiar.

Una vez que hayas definido los roles que necesitas cubrir, el siguiente paso es encontrar a las personas adecuadas. En un mundo ideal, podrías contratar a los mejores talentos con amplia experiencia y una lista impresionante de logros. Sin embargo, especialmente al inicio, es posible que no tengas los recursos para atraer a personas con un currículum extenso. Aquí es donde entra en juego la capacidad de identificar potencial. Busca a personas que, aunque no tengan toda la experiencia del mundo, demuestren una gran pasión, disposición para aprender y compromiso con tu visión. A veces, un equipo compuesto por personas entusiastas y hambrientas de éxito puede ser más poderoso que uno con décadas de experiencia pero sin motivación.

El proceso de selección es crucial. No te precipites en contratar a la primera persona que parezca calificada. Tómate el tiempo para conocer a cada candidato, no solo en términos de habilidades técnicas, sino también en cuanto a cómo encajan en la cultura que estás tratando de construir. Realiza entrevistas en profundidad y plantea situaciones hipotéticas que puedan surgir en el día a día de tu negocio. Observa cómo responden, cómo piensan, y cómo se comportan bajo presión. También es útil involucrar a otras personas de confianza en el proceso de selección para obtener diferentes perspectivas. A veces, una conversación casual puede revelar más sobre alguien que un currículum bien elaborado.

Una vez que hayas elegido a las personas que formarán parte de tu equipo, el verdadero trabajo comienza: debes integrarlos y asegurarte de que trabajen bien juntos. No basta con juntar a personas talentosas y esperar que colaboren sin problemas. Cada miembro del equipo trae consigo su propia forma de trabajar, sus fortalezas y debilidades, y sus expectativas. Es tu responsabilidad como líder asegurarte de que todos estén alineados con los objetivos del negocio y que entiendan cómo sus roles se complementan entre sí. La comunicación es clave en esta etapa. Organiza reuniones regulares para discutir el progreso, los desafíos y las ideas. Fomenta un ambiente donde todos se sientan cómodos compartiendo sus opiniones y donde se valoren las contribuciones de cada uno.

A medida que el equipo comienza a trabajar junto, es esencial crear una cultura de apoyo y confianza. La cultura de un equipo es lo que define cómo se comportan las personas entre sí, cómo enfrentan los problemas, y cómo celebran los éxitos. Para construir una cultura positiva, debes predicar con el ejemplo. Muestra respeto y aprecio por el trabajo de los demás, ofrece ayuda cuando sea necesario, y mantén una actitud abierta y colaborativa. Reconoce los logros, tanto grandes como pequeños, y asegúrate de que todos se sientan valorados por sus contribuciones. Un equipo que se siente apreciado y respaldado estará más motivado para dar lo mejor de sí.

Es importante también fomentar el crecimiento y el desarrollo dentro de tu equipo. Las personas quieren sentir que están avanzando en sus carreras y aprendiendo nuevas habilidades. Ofrece oportunidades de capacitación, ya sea a través de talleres, cursos en línea, o incluso sesiones de mentoría dentro del equipo. Anima a tu equipo a asumir nuevos desafíos y a salir de su zona de confort. Cuando las personas sienten que están creciendo, no solo mejoran en su trabajo, sino que también se sienten más comprometidas con la empresa.

Por supuesto, no todo será siempre perfecto. A lo largo del tiempo, pueden surgir conflictos o desacuerdos dentro del equipo. Esto es natural y no necesariamente algo negativo. Los desacuerdos pueden llevar a nuevas ideas y a soluciones más innovadoras si se manejan correctamente. La clave está en abordar los conflictos de manera constructiva y rápida. Como líder, es tu responsabilidad mediar en estos conflictos, asegurándote de que todos los involucrados tengan la oportunidad de expresar sus puntos de vista, y ayudando al equipo a encontrar una solución que funcione para todos. Evita dejar que los problemas se acumulen, ya que esto puede llevar a resentimientos y a una disminución de la moral del equipo.

Otra parte importante de la construcción de un equipo es la delegación de responsabilidades. A medida que tu negocio crece, no podrás hacer todo por ti mismo, y no deberías intentarlo. Aprender a delegar es esencial para liberar tu tiempo y energía para enfocarte en las tareas más importantes. La delegación efectiva no se trata solo de asignar tareas, sino de confiar en tu equipo para tomar decisiones y asumir la responsabilidad de sus áreas. Esto puede ser difícil al principio, especialmente si estás acostumbrado a tener el control de cada detalle, pero es necesario para el crecimiento tanto de tu negocio como de tu equipo. Al delegar, también estás empoderando a tu equipo, dándoles la oportunidad de desarrollarse y demostrar sus capacidades.

Finalmente, es importante recordar que un equipo es más que la suma de sus partes. No se trata solo de reunir a personas con habilidades complementarias, sino de crear un grupo cohesionado que comparta una visión común y que esté comprometido con el éxito del negocio. Esto requiere tiempo, esfuerzo y, sobre todo, liderazgo. Tu equipo es tu mayor recurso, y cómo lo construyas y lo guíes tendrá un impacto directo en el futuro de tu negocio. Asegúrate de invertir en las personas adecuadas, de fomentar una cultura de respeto y colaboración, y de liderar con integridad y propósito. Con el equipo adecuado a tu lado, no hay límite a lo que puedes lograr.

Ventas y Creación de Relaciones

En el mundo del emprendimiento, las ventas no son solo una transacción; son el alma de tu negocio. Sin ventas, no hay ingresos, y sin ingresos, tu negocio no puede crecer ni sobrevivir. Sin embargo, vender no se trata solo de persuadir a alguien para que compre tu producto o servicio. Se trata de construir relaciones significativas y duraderas con tus clientes. Las relaciones son el cimiento sobre el cual se construyen las ventas repetidas, la lealtad del cliente y, en última instancia, el éxito a largo plazo de tu negocio.

El primer paso en el proceso de ventas es entender profundamente a tu cliente. No puedes vender eficazmente algo a alguien si no sabes quién es, qué necesita, o qué le preocupa. Esto requiere investigar y conocer a tu mercado objetivo a fondo. Debes comprender no solo los datos demográficos básicos de tus clientes, como la edad, el género o el nivel de ingresos, sino también sus motivaciones, deseos y puntos de dolor. ¿Qué problemas están tratando de resolver? ¿Qué les hace felices? ¿Qué les preocupa? Al conocer a tus clientes a este nivel, puedes posicionar tu producto o servicio como la solución exacta que necesitan, lo que hace que la venta sea mucho más fácil.

Una vez que entiendes a tu cliente, el siguiente paso es comunicar el valor de lo que ofreces de manera clara y convincente. Las personas no compran productos o servicios simplemente por lo que son; los compran por lo que pueden hacer por ellos. Por eso, es vital que puedas articular claramente los beneficios de tu producto o servicio. ¿Cómo mejorará la vida de tu cliente? ¿Cómo resolverá sus problemas? ¿Qué lo hace mejor que las otras opciones en el mercado? No te centres solo en las características de lo que vendes, sino en los resultados que tu cliente puede esperar al usarlo. Cuanto más claramente puedas demostrar el valor que ofreces, más fácil será cerrar la venta.

Sin embargo, vender no siempre es un camino recto. A menudo, te encontrarás con objeciones o dudas por parte de los clientes. Esto es normal y no debe desanimarte. Las objeciones no son un rechazo, sino una oportunidad para profundizar en la conversación y abordar las preocupaciones del cliente. Tal vez el cliente está preocupado por el precio, o no está seguro de si tu producto realmente resolverá su problema. Aquí es donde entra en juego tu habilidad para escuchar y responder con empatía y conocimiento. Escucha atentamente lo que dice el cliente, haz preguntas para entender mejor sus preocupaciones, y luego ofrece respuestas que aborden directamente esas preocupaciones. Al hacerlo, no solo aumentas las posibilidades de hacer la venta, sino que también demuestras que realmente te importa lo que el cliente necesita.

Otra parte crucial del proceso de ventas es la creación de relaciones. Las ventas exitosas a menudo no ocurren en la primera interacción; se construyen a lo largo del tiempo, a medida que ganas la confianza y el respeto de tus clientes. La creación de relaciones comienza con cada interacción que tienes con un cliente, desde la primera llamada telefónica o correo electrónico, hasta el seguimiento después de una compra. Cada interacción es una oportunidad para demostrar tu profesionalismo, integridad y compromiso con la satisfacción del cliente. A medida que los clientes ven que realmente te preocupas por ellos y no solo por hacer una venta, es más probable que regresen a ti en el futuro y que te recomienden a otros.

El seguimiento es una herramienta poderosa en la creación de relaciones y en el proceso de ventas. Después de que un cliente ha mostrado interés en tu producto o servicio, es vital que te mantengas en contacto con ellos. No te limites a esperar que el cliente vuelva por su cuenta; toma la iniciativa de hacer un seguimiento. Esto puede ser un simple correo electrónico o llamada telefónica para preguntar si tienen alguna duda adicional, o para ofrecer más información. Incluso si el cliente no realiza una compra de inmediato, tu esfuerzo de seguimiento demuestra que estás comprometido con su satisfacción, lo que puede inclinar la balanza a tu favor más adelante.

La creación de relaciones también implica ofrecer un servicio al cliente excepcional. Un cliente satisfecho es un cliente que no solo volverá a comprarte, sino que también hablará bien de ti a otros. Asegúrate de que el proceso de compra sea lo más fácil y agradable posible, y que estés disponible para responder preguntas o resolver problemas. Si un cliente tiene una mala experiencia, no lo dejes pasar; toma medidas rápidas para corregirlo y asegurarte de que el cliente termine satisfecho. A veces, convertir una situación negativa en una positiva puede fortalecer aún más la relación con el cliente.

Además de las interacciones directas, puedes construir relaciones más amplias y duraderas a través del uso estratégico del marketing de contenidos y las redes sociales. Al crear contenido valioso, como blogs, videos, o publicaciones en redes sociales que resuenen con tus clientes, puedes mantenerte en la mente de los clientes, incluso cuando no están en el proceso de compra. El contenido educativo o inspirador que ayuda a resolver los problemas de tus clientes o que los entretiene, puede fortalecer la relación con ellos al demostrar que entiendes sus necesidades y que estás comprometido con su éxito, no solo con tus propias ventas.

Las ventas también son un juego de números, y es importante recordar que no todas las interacciones resultarán en una venta. Sin embargo, cada interacción te ofrece la oportunidad de aprender y mejorar. Analiza tus experiencias de ventas, tanto las exitosas como las fallidas, para identificar lo que funcionó y lo que no. ¿Hubo un patrón en las objeciones que recibiste? ¿Hubo algo en particular que hizo que una venta se concretara? Usa esta información para ajustar tu enfoque y mejorar continuamente tu proceso de ventas.

Finalmente, nunca subestimes el poder de la persistencia. Las ventas y la creación de relaciones no ocurren de la noche a la mañana. Requieren tiempo, esfuerzo y paciencia. Habrá días en los que sentirás que no estás avanzando, pero es importante seguir adelante. Cada no te acerca más a un sí, y cada interacción te da la oportunidad de mejorar y crecer. Mantén una actitud positiva, sigue perfeccionando tus habilidades y nunca pierdas de vista la importancia de construir relaciones fuertes y auténticas con tus clientes. Con el tiempo, verás que tu esfuerzo dará frutos, y no solo en términos de ventas, sino en la creación de un negocio sólido y sostenible, construido sobre la base de la confianza y el respeto mutuo entre tú y tus clientes.

Lucie Dupont

Gestión del Crecimiento

Has lanzado tu negocio, has logrado algunas ventas, y las cosas parecen estar funcionando. Pero, ¿qué sigue? Aquí es donde comienza uno de los mayores desafíos de cualquier emprendimiento: la gestión del crecimiento. Crecer suena emocionante y lleno de oportunidades, pero también puede ser un terreno peligroso si no se maneja con cuidado. El crecimiento trae consigo nuevos desafíos, desde manejar un mayor volumen de ventas, hasta contratar más personal, y mantener la calidad del producto o servicio mientras expandes tu oferta. Saber cómo gestionar este crecimiento de manera efectiva puede ser la diferencia entre un negocio que prospera y uno que colapsa bajo su propio peso.

El primer paso en la gestión del crecimiento es tener una visión clara de hacia dónde quieres llevar tu negocio. No todo crecimiento es bueno, y crecer sin una dirección clara puede ser tan perjudicial como no crecer en absoluto. Pregúntate qué tipo de empresa quieres ser en el futuro. ¿Quieres expandirte a nuevos mercados, lanzar nuevos productos o servicios, o tal vez abrir nuevas ubicaciones? Tener una visión clara te permitirá tomar decisiones estratégicas que alineen el crecimiento con tus objetivos a largo plazo. Sin esta visión, es fácil dejarse llevar por la inercia del crecimiento y tomar decisiones que pueden no ser las mejores para tu negocio a largo plazo.

Una vez que tienes clara tu visión, es importante establecer metas específicas para guiar tu crecimiento. Estas metas deben ser realistas, alcanzables, y medibles. No basta con decir "quiero crecer"; necesitas definir cómo medirás ese crecimiento. Puede ser en términos de ingresos, número de clientes, cuota de mercado, o cualquier otro indicador que sea relevante para tu negocio. Establecer metas claras te permite seguir el progreso y ajustar tu enfoque según sea necesario. Además, tener metas específicas te ayuda a mantenerte enfocado y evitar la dispersión de esfuerzos en áreas que no aportan al crecimiento deseado.

Con metas claras, el siguiente paso es asegurar que tienes la capacidad para manejar el crecimiento. Esto incluye tanto los recursos financieros como los humanos y operativos. A medida que tu negocio crece, necesitarás más capital para financiar ese crecimiento, ya sea para aumentar la producción, contratar más personal, o expandir tus operaciones. Es crucial tener un plan financiero sólido que te permita anticipar y cubrir estas necesidades sin comprometer la estabilidad de tu negocio. Esto puede implicar buscar financiamiento adicional, ya sea a través de préstamos, inversión externa, o utilizando las ganancias reinvertidas del negocio.

En cuanto a los recursos humanos, la gestión del crecimiento también implica asegurarte de que tienes el equipo adecuado para apoyar el crecimiento de tu negocio. A medida que tu empresa crece, es probable que necesites contratar más personal o desarrollar nuevas habilidades dentro de tu equipo existente. Contratar a las personas adecuadas es fundamental para garantizar que el crecimiento no comprometa la calidad de tu producto o servicio. Pero contratar no es solo llenar vacantes; es asegurarte de que cada nueva incorporación comparte tu visión y está comprometida con el éxito del negocio. Esto también puede significar invertir en la formación y desarrollo de tu equipo actual, para que puedan asumir nuevos roles y responsabilidades a medida que el negocio crece.

La operación de tu negocio también debe adaptarse al crecimiento. Esto puede implicar la implementación de nuevos procesos, la automatización de tareas, o la adopción de nuevas tecnologías que te permitan manejar un mayor volumen de trabajo sin perder eficiencia. Es importante revisar regularmente tus operaciones para identificar áreas donde el crecimiento puede estar creando cuellos de botella o ineficiencias. Por ejemplo, un aumento en la demanda de tus productos puede poner presión sobre la cadena de suministro, lo que a su vez podría afectar los tiempos de entrega o la calidad del producto. Identificar y abordar estos desafíos a tiempo es esencial para evitar que el crecimiento se convierta en un problema.

La gestión del crecimiento también requiere una vigilancia constante sobre la calidad del producto o servicio. A medida que creces, es fácil que la calidad se vea comprometida si no se presta la debida atención. Esto puede suceder porque estás tratando de cumplir con la creciente demanda, pero no tienes suficientes recursos o procesos en su lugar para mantener los estándares que te ayudaron a tener éxito inicialmente. La calidad es uno de los factores más importantes que diferencian a un negocio exitoso de uno que fracasa, y es algo que no debes sacrificar en el nombre del crecimiento. Esto significa invertir en controles de calidad, escuchar el feedback de los clientes, y estar dispuesto a hacer ajustes para mantener el nivel de excelencia que tus clientes esperan.

Además de la calidad, el crecimiento también puede poner a prueba la cultura de tu empresa. A medida que el negocio crece y se añaden nuevos empleados, es fundamental que la cultura que has construido se mantenga intacta. La cultura es lo que define cómo se comportan las personas dentro de la empresa, cómo se toman las decisiones, y cómo se enfrentan los desafíos. Asegurarte de que la cultura de tu empresa evolucione junto con el crecimiento, sin perder su esencia, es una tarea delicada pero crucial. La cultura no es algo que se pueda imponer; debe ser vivida y demostrada por todos los niveles de la organización, empezando por ti como líder. Mantén abiertas las líneas de comunicación, promueve la colaboración, y asegúrate de que todos en la empresa comprendan y compartan los valores fundamentales.

A medida que creces, también es importante mantener una relación cercana con tus clientes. El crecimiento puede hacer que sea más difícil mantener esa conexión personal que tenías cuando empezaste, pero es vital encontrar maneras de seguir comprometido con tu base de clientes. Esto puede implicar la implementación de sistemas de gestión de relaciones con los clientes (CRM), la personalización de las comunicaciones, o simplemente asegurarte de que sigues escuchando y respondiendo a sus necesidades. A medida que tu negocio crece, no pierdas de vista a los clientes que te ayudaron a llegar hasta aquí. Un cliente leal es uno de los mayores activos que puede tener un negocio en crecimiento.

Por último, la gestión del crecimiento implica estar preparado para los desafíos y cambios que vendrán. El crecimiento no siempre es lineal, y es probable que enfrentes obstáculos en el camino, como cambios en el mercado, competencia creciente, o problemas internos. Es importante ser flexible y estar dispuesto a ajustar tu estrategia cuando sea necesario. Esto no significa abandonar tu visión, sino adaptarla a las circunstancias cambiantes para seguir avanzando. El crecimiento es un proceso dinámico que requiere una mentalidad de aprendizaje continuo y una disposición a evolucionar.

En resumen, la gestión del crecimiento es un equilibrio entre expandir tu negocio y mantener los principios y la calidad que te llevaron al éxito. Es un proceso que requiere planificación, recursos, y un liderazgo sólido. Al gestionar el crecimiento de manera efectiva, no solo estás construyendo un negocio más grande, sino también uno más fuerte y sostenible, capaz de enfrentar los desafíos del futuro con confianza y resiliencia. Con una visión clara, metas bien definidas, y una atención constante a los detalles, puedes llevar tu negocio a nuevas alturas sin perder de vista lo que realmente importa: ofrecer valor a tus clientes, cuidar de tu equipo, y mantener la esencia de lo que hace único a tu negocio.

Lucie Dupont

Innovación y Adaptación

En el mundo de los negocios, la única constante es el cambio. Lo que hoy funciona, mañana podría no ser suficiente. Por eso, la innovación y la adaptación son fundamentales para cualquier pequeño empresario que aspire a crecer y mantener su negocio relevante en el tiempo. Sin la capacidad de innovar y adaptarse, incluso las empresas más prometedoras pueden quedar rezagadas o, peor aún, desaparecer. Innovar no se trata solo de crear algo completamente nuevo; también puede ser mejorar lo que ya existe, encontrar nuevas maneras de hacer las cosas, o adaptarse rápidamente a los cambios en el mercado y en las necesidades de los clientes.

La innovación comienza con una mentalidad abierta. Es fácil caer en la trampa de pensar que, una vez que has encontrado un enfoque que funciona, puedes seguir con eso indefinidamente. Pero la realidad es que los mercados cambian, los competidores evolucionan y las expectativas de los clientes se transforman con el tiempo. Mantener una actitud abierta significa estar siempre dispuesto a cuestionar el status quo, buscar nuevas ideas y explorar posibilidades que quizás no habías considerado antes. Esto requiere curiosidad y una disposición a aprender, así como una habilidad para ver oportunidades donde otros solo ven problemas.

Uno de los principales motores de la innovación es la observación y la escucha activa. Escuchar a tus clientes puede proporcionarte ideas valiosas sobre cómo mejorar tu producto o servicio. A menudo, los clientes te darán pistas sobre lo que no les gusta o lo que les gustaría que cambiaras, y estos comentarios pueden ser la clave para innovar. No se trata solo de hacer encuestas o leer reseñas, sino de involucrarte de verdad en entender sus necesidades, problemas y deseos. Al observar cómo interactúan con tu producto, cómo lo utilizan en su vida diaria, y qué les frustra, puedes encontrar áreas donde puedes innovar para hacer su experiencia mejor y más satisfactoria.

La innovación también puede provenir de dentro de tu propio equipo. Fomentar un ambiente donde tus empleados se sientan libres para compartir ideas y experimentar es crucial para la innovación. A menudo, las personas que están en la primera línea de trabajo, interactuando directamente con los clientes o con los procesos internos, son las que tienen las ideas más prácticas y efectivas para mejorar. Crear un espacio donde todos se sientan escuchados y donde las ideas puedan ser probadas sin miedo al fracaso puede generar una cultura de innovación continua. Esto no significa que cada idea se convertirá en un gran éxito, pero la disposición a experimentar y aprender de los fracasos es lo que impulsa el progreso.

Otro aspecto clave de la innovación es la capacidad de adaptarse rápidamente a los cambios. Los mercados pueden cambiar en un abrir y cerrar de ojos, y lo que hoy es una tendencia mañana puede estar obsoleto. Aquí es donde la adaptabilidad se convierte en una habilidad esencial. Adaptarse no significa reaccionar de manera apresurada a cada pequeño cambio, sino tener la agilidad para ajustar tu enfoque cuando sea necesario. Esto podría significar pivotar tu negocio hacia un nuevo nicho, ajustar tu oferta de productos, o cambiar tu estrategia de marketing. La adaptabilidad requiere estar constantemente atento a las señales del mercado y ser lo suficientemente flexible para hacer cambios cuando sea necesario, sin perder de vista tus objetivos a largo plazo.

La tecnología es una de las principales áreas donde la innovación y la adaptación son más evidentes y necesarias. La rapidez con la que la tecnología avanza hace que mantenerse al día sea un desafío, pero también una oportunidad. Implementar nuevas tecnologías puede ayudarte a hacer tu negocio más eficiente, mejorar la experiencia del cliente y abrir nuevas oportunidades de crecimiento. Desde el uso de software de gestión de relaciones con clientes (CRM) hasta la implementación de plataformas de comercio electrónico o el uso de inteligencia artificial para analizar datos, la tecnología ofrece innumerables maneras de innovar. Sin embargo, también es importante adaptarse a las tecnologías que ya existen y aprender a utilizarlas de la manera más efectiva posible.

La innovación no siempre tiene que ser disruptiva. A veces, pequeños cambios pueden tener un gran impacto. Esto podría ser mejorar un proceso interno que ahorre tiempo, cambiar la forma en que presentas tus productos, o encontrar una manera más efectiva de comunicarte con tus clientes. Lo importante es que estés siempre buscando maneras de mejorar y de añadir valor. Incluso algo tan simple como ofrecer un mejor servicio al cliente puede ser una forma poderosa de innovar y diferenciarte de la competencia. La innovación continua en estas áreas puede ayudarte a construir una base sólida para tu negocio y asegurarte de que estás siempre un paso adelante.

El riesgo es una parte inherente de la innovación. Cada nueva idea o cambio que implementas lleva consigo el riesgo de no funcionar como esperabas. Sin embargo, es importante no dejar que el miedo al fracaso te impida intentar cosas nuevas. El fracaso es una parte natural del proceso de innovación. Lo que importa es cómo respondes a él. En lugar de verlo como un final, trata cada fracaso como una oportunidad para aprender y mejorar. Al evaluar lo que salió mal y hacer los ajustes necesarios, puedes avanzar con mayor sabiduría y estar mejor preparado para el siguiente intento. La resiliencia en el fracaso es una de las cualidades más importantes para cualquier emprendedor que quiera mantenerse innovador y adaptable.

Además de la innovación interna, es esencial estar al tanto de lo que está sucediendo en tu industria y en el mundo en general. Las tendencias y cambios en el comportamiento del consumidor, las nuevas tecnologías, y los movimientos de la competencia son todos factores que pueden influir en la dirección de tu negocio. Mantenerte informado te permitirá anticiparte a los cambios y adaptarte antes de que se conviertan en problemas. Participar en redes profesionales, asistir a conferencias, y leer publicaciones relevantes son formas efectivas de mantenerte al tanto de las novedades en tu sector y de inspirarte para nuevas ideas.

La innovación y la adaptación no son un destino, sino un viaje continuo. A medida que tu negocio crece y evoluciona, también deben hacerlo tu enfoque y tus estrategias. La clave es no volverse complaciente. Siempre hay algo nuevo que aprender, algo que mejorar, y algo que puede hacerse de manera diferente. Al adoptar una mentalidad de mejora continua y estar dispuesto a evolucionar con los tiempos, te aseguras de que tu negocio no solo sobreviva, sino que prospere en un mundo que está en constante cambio.

En resumen, la innovación y la adaptación son las herramientas que te permiten no solo sobrevivir, sino prosperar en un entorno empresarial en constante cambio. Requieren una combinación de curiosidad, apertura al cambio, y la disposición a aprender y experimentar. Al mantener una actitud proactiva hacia la innovación y estar preparado para adaptarte cuando sea necesario, puedes asegurar que tu negocio sigue siendo relevante, competitivo, y preparado para cualquier desafío que el futuro pueda traer. Con la innovación como una parte central de tu estrategia, no solo estás construyendo un negocio fuerte para hoy, sino también para mañana y más allá.

Superando los Desafíos del Emprendimiento

Emprender es un camino lleno de oportunidades, pero también de desafíos. A medida que avanzas en la construcción de tu negocio, te encontrarás con obstáculos que pondrán a prueba tu determinación, creatividad y capacidad de adaptación. Estos desafíos pueden variar desde problemas financieros hasta cuestiones operativas, y desde dificultades para encontrar clientes hasta la presión de mantener la calidad del producto o servicio. Sin embargo, enfrentar y superar estos desafíos es una parte esencial del viaje emprendedor. La forma en que abordes estos retos no solo definirá el éxito de tu negocio, sino que también te ayudará a crecer como emprendedor y como persona.

Uno de los primeros desafíos que la mayoría de los emprendedores enfrentan es el miedo al fracaso. Es natural tener dudas cuando te lanzas a algo nuevo, especialmente cuando estás invirtiendo tiempo, dinero y esfuerzo en un proyecto en el que crees profundamente. El miedo al fracaso puede ser paralizante, haciendo que dudes de tus decisiones o que evites tomar riesgos que podrían llevar tu negocio al siguiente nivel. Sin embargo, es importante recordar que el fracaso no es el final del camino, sino una parte del proceso de aprendizaje. Cada error que cometes es una oportunidad para aprender y mejorar. La clave es no dejar que el miedo te detenga, sino utilizarlo como un motor para seguir adelante y buscar soluciones a los problemas que enfrentas.

El desafío financiero es otro obstáculo común para muchos emprendedores. Comenzar un negocio desde cero requiere inversión, y es posible que no veas retornos inmediatos. Esto puede ser especialmente difícil si has dejado un trabajo estable para dedicarte a tu emprendimiento. Manejar las finanzas de manera efectiva es crucial para superar este desafío. Esto significa tener un plan financiero sólido, ser realista sobre tus gastos e ingresos, y buscar financiamiento adicional si es necesario. También es importante ser disciplinado con tus finanzas personales, asegurándote de no poner en riesgo tu bienestar financiero mientras trabajas en hacer crecer tu negocio. Encontrar formas creativas de reducir costos y maximizar tus recursos también puede ayudarte a superar las limitaciones financieras.

Además del aspecto financiero, el emprendimiento trae consigo desafíos operativos. Desde la gestión del inventario hasta la logística, pasando por la contratación de personal y la implementación de sistemas, cada aspecto operativo de tu negocio puede presentar desafíos. La clave para superar estos problemas es estar bien organizado y dispuesto a aprender. Puede ser útil invertir en herramientas y tecnologías que te ayuden a gestionar mejor tus operaciones, así como en formación para ti y tu equipo. Delegar tareas y confiar en otros miembros del equipo también es importante; no puedes hacerlo todo por ti mismo, y tratar de hacerlo puede llevar al agotamiento. A medida que tu negocio crece, las operaciones se vuelven más complejas, por lo que es esencial tener sistemas en su lugar que te permitan gestionar estas complejidades de manera efectiva.

Otro desafío significativo es encontrar y retener clientes. Sin clientes, no hay negocio, y uno de los mayores miedos de cualquier emprendedor es que su producto o servicio no encuentre un mercado. Para superar este desafío, es fundamental entender a tu público objetivo y sus necesidades. Esto requiere investigación de mercado, escuchar a tus clientes, y estar dispuesto a hacer ajustes a tu oferta para satisfacer mejor sus demandas. El marketing juega un papel crucial aquí; necesitas ser visible y comunicar claramente el valor que ofreces. Las relaciones con los clientes no terminan en la venta; necesitas seguir construyendo y manteniendo esas relaciones a lo largo del tiempo, ofreciendo un excelente servicio al cliente y buscando constantemente formas de mejorar la experiencia del cliente.

La competencia es otro reto inevitable en el mundo del emprendimiento. No importa cuán único sea tu producto o servicio, siempre habrá otros que ofrezcan algo similar. Superar este desafío requiere diferenciarte de la competencia. Esto no siempre significa tener el precio más bajo; a menudo, se trata de ofrecer algo que otros no ofrecen, ya sea en términos de calidad, servicio, conveniencia, o incluso la historia y los valores detrás de tu marca.

Mantenerte informado sobre lo que hace la competencia y estar dispuesto a adaptarte y evolucionar es crucial. La competencia no es algo que debas temer; al contrario, puede ser un estímulo para seguir mejorando y buscando maneras de innovar.

El equilibrio entre la vida personal y profesional es otro de los grandes desafíos para los emprendedores. Cuando comienzas un negocio, es fácil dejar que consuma todo tu tiempo y energía. Sin embargo, descuidar tu vida personal puede llevar al agotamiento, lo que a su vez puede afectar negativamente tu negocio. Es importante establecer límites claros y asegurarte de que estás dedicando tiempo a ti mismo, a tu familia y amigos, y a actividades que te ayuden a recargar energías. Recuerda que un emprendedor agotado no es un emprendedor efectivo. Mantener un equilibrio saludable te permitirá estar en tu mejor forma para enfrentar los desafíos que vengan.

La soledad es otro desafío que muchos emprendedores no anticipan. Si bien es emocionante dirigir tu propio negocio, también puede ser un viaje solitario, especialmente si no tienes un equipo grande o si trabajas desde casa. La falta de un grupo de apoyo puede hacer que los desafíos se sientan más abrumadores. Para superar este desafío, es importante buscar una comunidad de apoyo, ya sea a través de redes de emprendedores, mentores, o incluso amigos y familiares. Hablar con otros que entiendan lo que estás pasando puede proporcionar una perspectiva valiosa y ofrecer apoyo emocional cuando más lo necesitas. No subestimes el poder de una buena conversación o de compartir tus experiencias con alguien que esté en un camino similar.

Otro obstáculo importante es la necesidad de tomar decisiones difíciles. Como emprendedor, te enfrentarás a decisiones que pueden tener un gran impacto en el futuro de tu negocio. A veces, esto puede significar tomar decisiones impopulares, como recortar costos, cambiar de dirección, o incluso dejar ir a miembros del equipo. Estas decisiones pueden ser emocionalmente difíciles, pero son una parte necesaria del liderazgo. Para superar este desafío, es útil tener un proceso de toma de decisiones claro y bien definido, basado en datos y en una comprensión profunda de tu negocio y su entorno. A veces, esto puede significar buscar asesoramiento externo o tomarte un tiempo para reflexionar antes de actuar. Tomar decisiones informadas y con un enfoque a largo plazo es crucial para el éxito de tu negocio.

Finalmente, uno de los desafíos más constantes en el emprendimiento es la necesidad de mantenerse motivado y resiliente. El camino del emprendedor está lleno de altibajos, y habrá momentos en que las cosas no salgan como esperabas. Mantener la motivación puede ser difícil cuando los resultados no son inmediatos o cuando te enfrentas a una serie de obstáculos. Es importante recordar por qué empezaste en primer lugar y mantener tu visión a largo plazo en mente. Celebrar los pequeños logros y aprender de los fracasos te ayudará a mantenerte motivado. La resiliencia es la capacidad de seguir adelante, incluso cuando las cosas se ponen difíciles, y es una de las cualidades más importantes que puedes desarrollar como emprendedor.

Superar los desafíos del emprendimiento no es fácil, pero es una parte esencial del proceso. Cada desafío es una oportunidad para aprender, crecer y fortalecer tu negocio. A medida que enfrentas estos obstáculos, estarás desarrollando habilidades y conocimientos que te ayudarán no solo a superar los problemas actuales, sino también a estar mejor preparado para los desafíos futuros. La clave es no rendirse, mantenerse flexible y estar siempre dispuesto a aprender. Con perseverancia, determinación y una mentalidad abierta, puedes superar cualquier desafío que se presente en tu camino y llevar tu negocio al éxito.

Lucie Dupont

Uso de la Tecnología para el Crecimiento

En el mundo actual, la tecnología es un factor determinante para el éxito de cualquier negocio. Para un pequeño empresario, aprovechar la tecnología no solo puede facilitar las operaciones diarias, sino que también puede abrir puertas a nuevas oportunidades de crecimiento y expansión. En este capítulo, exploraremos cómo la tecnología puede ser un aliado poderoso para llevar tu negocio al siguiente nivel, sin importar en qué etapa te encuentres.

Uno de los primeros aspectos en los que la tecnología puede ayudarte es en la gestión de tu negocio. A medida que tu empresa crece, las tareas administrativas y operativas se vuelven más complejas. Es fácil sentirse abrumado por la cantidad de cosas que hay que hacer, desde la contabilidad hasta la gestión del inventario, pasando por el seguimiento de los pedidos y la atención al cliente. Aquí es donde el software de gestión empresarial entra en juego. Herramientas como sistemas de planificación de recursos empresariales (ERP) o software de gestión de relaciones con clientes (CRM) pueden ayudarte a organizar, automatizar y optimizar estos procesos, liberando tu tiempo para concentrarte en lo que realmente importa: hacer crecer tu negocio.

La tecnología también juega un papel crucial en el marketing y la promoción de tu negocio. Hoy en día, tener una presencia en línea es prácticamente imprescindible. Esto significa más que solo tener un sitio web; implica estar activo en las redes sociales, aprovechar el marketing digital y utilizar herramientas como el correo electrónico y el marketing de contenidos para atraer y retener clientes. Las plataformas de redes sociales como Facebook, Instagram y LinkedIn te permiten llegar a una audiencia mucho más amplia de lo que sería posible a través de métodos tradicionales. Además, las herramientas de análisis de datos te permiten medir el impacto de tus campañas y ajustar tu estrategia en tiempo real, asegurando que estás obteniendo el máximo retorno de tu inversión en marketing.

El comercio electrónico es otra área donde la tecnología puede impulsar significativamente el crecimiento de tu negocio. Vender en línea te da acceso a un mercado global, lo que te permite llegar a clientes que de otra manera no habrías alcanzado. Ya sea que vendas productos físicos, servicios o incluso productos digitales, plataformas como Shopify, WooCommerce o Amazon te ofrecen una infraestructura robusta para gestionar tus ventas en línea. Además, estas plataformas suelen estar integradas con sistemas de pago y logística, lo que simplifica enormemente el proceso de vender en línea. Al estar presente en la web, no solo aumentas tus ventas, sino que también fortaleces tu marca y estableces una presencia más sólida en el mercado.

La tecnología también puede mejorar la experiencia del cliente, lo cual es fundamental para el crecimiento a largo plazo. Los consumidores de hoy esperan un servicio rápido, eficiente y personalizado, y la tecnología puede ayudarte a cumplir con estas expectativas. Por ejemplo, los chatbots y la inteligencia artificial pueden ofrecer atención al cliente las 24 horas del día, los 7 días de la semana, respondiendo preguntas frecuentes y resolviendo problemas menores al instante. Además, las herramientas de análisis de datos te permiten comprender mejor las preferencias de tus clientes, lo que te permite ofrecer recomendaciones personalizadas y promociones que se adapten a sus necesidades específicas. Al mejorar la experiencia del cliente, no solo aumentas la satisfacción y la lealtad, sino que también fomentas el boca a boca positivo, que es una de las formas más efectivas de atraer nuevos clientes.

En el ámbito de la colaboración y la comunicación interna, la tecnología ha cambiado radicalmente la forma en que los equipos trabajan juntos. Las herramientas de comunicación como Slack, Microsoft Teams o Zoom permiten una colaboración en tiempo real, sin importar dónde se encuentren los miembros del equipo. Esto es especialmente útil si tienes empleados remotos o si trabajas con freelancers. Estas herramientas no solo facilitan la comunicación, sino que también permiten compartir documentos, organizar proyectos y mantener a todo el equipo en la misma página, lo que aumenta la eficiencia y reduce los errores. Además, la tecnología permite una mayor flexibilidad, lo que puede aumentar la satisfacción y la productividad del equipo.

Otra área donde la tecnología puede ser un diferenciador clave es en la innovación de productos y servicios. Hoy en día, la tecnología no solo te permite mejorar los productos existentes, sino también desarrollar nuevas ofertas que respondan a las cambiantes demandas del mercado. Por ejemplo, la impresión 3D ha permitido a muchas pequeñas empresas crear prototipos rápidos y personalizados de productos a un costo mucho menor que los métodos tradicionales. Del mismo modo, el uso de datos y análisis predictivo puede ayudarte a identificar tendencias emergentes y adaptar tu oferta de productos antes que la competencia. Al integrar la tecnología en el proceso de desarrollo de productos, no solo puedes innovar más rápido, sino también lanzar productos que estén mejor alineados con las necesidades y deseos de tus clientes.

El uso de la tecnología en las finanzas también es fundamental para el crecimiento de tu negocio. Hoy en día, existen numerosas herramientas que te permiten gestionar tus finanzas de manera más eficiente, desde aplicaciones de contabilidad hasta plataformas de pago en línea. Estas herramientas no solo te ayudan a llevar un control más preciso de tus ingresos y gastos, sino que también pueden automatizar procesos como la facturación y la gestión de nóminas, reduciendo así el riesgo de errores humanos. Además, la tecnología financiera, o fintech, ha abierto nuevas oportunidades para obtener financiamiento. Plataformas de crowdfunding, préstamos en línea y otros servicios fintech ofrecen alternativas a los métodos tradicionales de financiamiento, lo que puede ser especialmente útil si estás buscando capital para expandir tu negocio.

Además de todo lo anterior, la ciberseguridad es un aspecto crítico que no se debe pasar por alto cuando se habla del uso de la tecnología para el crecimiento. A medida que tu negocio se digitaliza, también se vuelve más vulnerable a amenazas cibernéticas, como el robo de datos o los ataques de ransomware. Es fundamental invertir en medidas de ciberseguridad adecuadas, como firewalls, encriptación de datos y formación en seguridad para ti y tu equipo. La seguridad no es un área donde se deba escatimar, ya que un solo incidente de seguridad puede tener consecuencias devastadoras para la reputación y las finanzas de tu negocio. Al proteger adecuadamente tus sistemas y datos, puedes operar con mayor tranquilidad y confianza en un entorno digital.

Finalmente, la adopción de la tecnología debe ser un proceso continuo. La tecnología avanza rápidamente, y lo que hoy es una innovación, mañana podría ser un estándar. Por lo tanto, es esencial mantenerse al día con las nuevas tendencias y desarrollos tecnológicos. Esto no significa que debas adoptar cada nueva tecnología que aparezca, pero sí que debes estar al tanto de lo que está sucediendo en tu industria y evaluar regularmente cómo la tecnología puede ayudarte a mejorar y crecer. Participar en conferencias, seguir blogs de tecnología y conectar con otros emprendedores pueden ser formas efectivas de mantenerse informado y preparado para integrar nuevas herramientas y soluciones en tu negocio.

En resumen, el uso de la tecnología para el crecimiento de tu negocio no es opcional, es una necesidad en el mundo moderno. Desde la gestión operativa hasta el marketing, la experiencia del cliente, la colaboración interna y la innovación de productos, la tecnología ofrece herramientas y soluciones que pueden ayudarte a mejorar y expandir tu negocio de maneras que antes no eran posibles. Al adoptar una mentalidad abierta hacia la tecnología y estar dispuesto a invertir en las herramientas adecuadas, puedes posicionar a tu negocio para un crecimiento sostenible y exitoso en un mercado cada vez más competitivo.

Lucie Dupont

Estrategias de Networking y Alianzas

En el mundo de los negocios, no se puede subestimar el poder del networking y las alianzas estratégicas. Aunque a menudo se piensa en el emprendimiento como un viaje solitario, la realidad es que el éxito de un pequeño empresario depende en gran medida de las conexiones que construya a lo largo del camino. El networking no se trata solo de conocer a personas, sino de establecer relaciones significativas que puedan aportar valor a tu negocio. Por otro lado, las alianzas estratégicas son asociaciones que te permiten aprovechar recursos, conocimientos y redes de otros para crecer juntos. En este capítulo, exploraremos cómo puedes desarrollar estrategias efectivas de networking y construir alianzas sólidas que impulsen tu negocio hacia el éxito.

El primer paso para construir una red de contactos sólida es entender que el networking es una actividad continua, no un evento único. Muchas personas cometen el error de pensar que el networking consiste en asistir a una conferencia o un evento de negocios y repartir tarjetas de presentación. Si bien estos eventos son un buen punto de partida, el verdadero valor del networking reside en mantener y cultivar esas relaciones a lo largo del tiempo. Esto significa estar dispuesto a invertir tiempo y esfuerzo en conocer a las personas, comprender sus necesidades y encontrar formas de ayudarlas antes de esperar algo a cambio. La clave es ser genuino y auténtico en tus interacciones, ya que las relaciones basadas en la sinceridad tienden a ser más duraderas y fructíferas.

Un aspecto fundamental del networking es la creación de una red diversa. A menudo, es tentador rodearse de personas que comparten nuestras mismas ideas o que trabajan en el mismo campo. Sin embargo, una red efectiva debe incluir personas de diferentes industrias, con diferentes habilidades y perspectivas. Esto no solo te ofrece una mayor variedad de conocimientos y recursos a los que acceder, sino que también te abre la puerta a nuevas oportunidades que quizás no habrías considerado. La diversidad en tu red también te ayuda a ampliar tu visión y a aprender de experiencias distintas a las tuyas, lo que puede ser invaluable para tomar decisiones informadas y creativas en tu negocio.

Otra estrategia clave en el networking es la reciprocidad. Es fácil pensar en el networking como una forma de obtener beneficios para tu negocio, pero la verdadera magia ocurre cuando te enfocas en cómo puedes ayudar a los demás. Ofrecer tu apoyo, ya sea compartiendo contactos, dando consejos o simplemente estando disponible para escuchar, puede fortalecer enormemente tus relaciones de networking. Las personas recuerdan a quienes les han tendido una mano cuando lo necesitaron, y es más probable que te ayuden cuando tú lo necesites. Este enfoque de dar antes de recibir crea un círculo virtuoso en el que todos ganan y se fortalece la red en su conjunto.

Además de construir relaciones individuales, también es importante participar en comunidades de negocios y redes profesionales. Estas comunidades ofrecen un espacio donde puedes conocer a otros emprendedores y profesionales que comparten intereses similares. Participar activamente en estas redes, ya sea asistiendo a reuniones, participando en discusiones en línea o incluso organizando eventos, puede aumentar significativamente tu visibilidad y reputación en la industria. Estas comunidades no solo te ofrecen la oportunidad de aprender de otros, sino que también te permiten posicionarte como un líder de pensamiento, lo que puede atraer oportunidades de negocio y alianzas estratégicas.

Hablando de alianzas estratégicas, estas son una extensión natural del networking efectivo. Las alianzas te permiten colaborar con otras empresas o individuos para alcanzar objetivos comunes que, de otra manera, serían difíciles de lograr por tu cuenta. Una alianza estratégica bien gestionada puede ayudarte a acceder a nuevos mercados, compartir recursos, reducir costos y aumentar la capacidad de innovación. Sin embargo, no todas las alianzas son iguales, y es crucial seleccionar a tus socios con cuidado. Una buena alianza debe basarse en una visión compartida y en valores comunes. Además, es importante que ambas partes sientan que están obteniendo un beneficio mutuo de la colaboración.

Al considerar una alianza estratégica, es fundamental hacer un análisis cuidadoso de cómo cada parte puede complementar las fortalezas y debilidades del otro. Por ejemplo, si tu empresa es fuerte en la producción pero carece de canales de distribución, una alianza con una empresa que tenga una red de distribución establecida puede ser altamente beneficiosa. Del mismo modo, si tienes una idea innovadora pero no los recursos para desarrollarla completamente, una alianza con una empresa que tenga el capital o la infraestructura necesaria puede ayudarte a llevar esa idea al mercado. El éxito de una alianza depende de la claridad en los objetivos y la transparencia en la comunicación entre las partes.

Una vez que hayas establecido una alianza, la gestión continua es crucial para mantenerla fuerte. Esto significa tener reuniones regulares para revisar el progreso, abordar cualquier problema que surja y ajustar los planes según sea necesario. La confianza y la comunicación abierta son pilares fundamentales para mantener una relación de alianza saludable. Además, es importante ser flexible y estar dispuesto a adaptarse a las circunstancias cambiantes. Las alianzas estratégicas, como cualquier relación, requieren esfuerzo y compromiso constante para que sigan siendo beneficiosas para ambas partes.

En la era digital, el networking y la formación de alianzas no se limitan al mundo físico. Las plataformas en línea, como LinkedIn, ofrecen una poderosa herramienta para conectar con personas de todo el mundo. Estas plataformas te permiten construir y mantener una red de contactos a escala global, lo que puede ser particularmente valioso si estás buscando expandir tu negocio más allá de las fronteras locales. Sin embargo, al igual que en el networking en persona, es importante ser auténtico y estratégico en tus interacciones en línea. En lugar de enviar solicitudes de conexión genéricas, tómate el tiempo para personalizar tus mensajes y mostrar un interés genuino en las personas con las que deseas conectar.

Finalmente, es importante recordar que tanto el networking como las alianzas estratégicas son procesos a largo plazo. No se trata de obtener resultados inmediatos, sino de construir una red sólida y relaciones duraderas que puedan aportar valor a tu negocio a lo largo del tiempo. Es probable que algunas conexiones y alianzas no den fruto de inmediato, pero eso no significa que no valgan la pena. Mantén una mentalidad abierta y sé paciente; a veces, las oportunidades surgen de lugares inesperados y en momentos que no anticipas.

En resumen, las estrategias de networking y alianzas son esenciales para cualquier pequeño empresario que desee llevar su negocio al siguiente nivel. A través del networking, puedes construir una red de contactos que te ofrezca apoyo, conocimientos y oportunidades. A través de alianzas estratégicas, puedes colaborar con otros para alcanzar metas comunes y acceder a recursos que, de otra manera, estarían fuera de tu alcance. Al invertir tiempo y esfuerzo en construir relaciones genuinas y alinear tus objetivos con socios estratégicos, estarás en una posición mucho más fuerte para hacer crecer tu negocio y lograr el éxito a largo plazo.

Internacionalización del Negocio

Llevar tu negocio más allá de las fronteras locales y entrar en el mercado internacional es un paso significativo que puede transformar completamente la trayectoria de tu empresa. La internacionalización no solo te permite acceder a un mercado mucho más amplio, sino que también diversifica tus fuentes de ingresos y te ofrece una mayor resiliencia frente a las fluctuaciones económicas en tu país de origen. Sin embargo, este proceso también conlleva desafíos que requieren una planificación cuidadosa, una comprensión profunda de los mercados internacionales y la capacidad de adaptarse a diferentes culturas y normativas. En este capítulo, exploraremos cómo puedes preparar tu negocio para la internacionalización y navegar con éxito en este nuevo territorio.

El primer paso hacia la internacionalización es evaluar si tu negocio está listo para expandirse a nivel global. No todas las empresas están preparadas para este paso, y es importante ser realista sobre las capacidades y recursos que tienes a tu disposición. Esto incluye evaluar la fortaleza de tu producto o servicio, la estabilidad de tus operaciones internas y la solidez de tu situación financiera. Es esencial que tengas una base sólida antes de aventurarte en mercados extranjeros, ya que la internacionalización puede poner a prueba todos los aspectos de tu negocio. Además, debes considerar si hay una demanda real para tu producto o servicio en los mercados internacionales que estás considerando. Este es un punto crucial, ya que lo que funciona bien en tu país no necesariamente tendrá el mismo éxito en otro contexto cultural o económico.

Una vez que has decidido que tu negocio está listo para la internacionalización, el siguiente paso es realizar una investigación exhaustiva del mercado. Cada país tiene sus propias particularidades en términos de comportamiento del consumidor, competencia, regulaciones y normativas. Es fundamental entender estas diferencias para poder adaptar tu estrategia de manera efectiva. Esta investigación debe incluir un análisis del entorno económico y político, la infraestructura del mercado, y cualquier barrera de entrada que puedas enfrentar, como aranceles, restricciones de importación o normativas específicas del sector. Además, es importante conocer a fondo a tus competidores en el nuevo mercado y cómo se posicionan. Esto te permitirá identificar oportunidades y desafíos únicos que podrías enfrentar al entrar en ese mercado.

La adaptación cultural es otro aspecto vital de la internacionalización. Las diferencias culturales pueden afectar desde la manera en que presentas tu producto hasta cómo te comunicas con tus clientes y socios comerciales. Es esencial ser sensible a estas diferencias y adaptar tu enfoque para respetar las normas y expectativas locales. Esto puede significar ajustar tu estrategia de marketing, modificar tus productos o servicios para que sean más atractivos para los consumidores locales, o incluso cambiar tu marca para que resuene mejor en el nuevo mercado. Además, es importante contar con un equipo que entienda la cultura local o contratar consultores que puedan guiarte en este proceso. La adaptación cultural no solo te ayudará a evitar malentendidos, sino que también te permitirá construir una relación más fuerte y duradera con tus clientes internacionales.

La elección del método de entrada al mercado internacional es otra decisión crucial. Existen varias formas de internacionalizar un negocio, y cada una tiene sus ventajas y desventajas. Algunas de las opciones más comunes incluyen la exportación directa, las franquicias, las joint ventures, y el establecimiento de filiales en el extranjero. La exportación directa es una forma relativamente sencilla de comenzar, ya que implica vender tus productos a través de distribuidores o agentes en el mercado extranjero. Sin embargo, puede que tengas menos control sobre cómo se comercializan y distribuyen tus productos. Las franquicias y joint ventures te permiten compartir riesgos y recursos con socios locales, pero también implican compartir control y beneficios. Establecer una filial en el extranjero te da un control total sobre tus operaciones, pero también requiere una inversión significativa en términos de tiempo y dinero. La elección del método adecuado dependerá de tus objetivos, recursos y la naturaleza del mercado al que estás entrando.

Una vez que has entrado en un nuevo mercado, la gestión efectiva de tus operaciones internacionales es fundamental para el éxito continuo. Esto incluye la logística, el cumplimiento de normativas locales, la gestión de la cadena de suministro, y la adaptación continua a las condiciones cambiantes del mercado. La gestión de la logística es particularmente importante, ya que los problemas en esta área pueden afectar negativamente la experiencia del cliente y la reputación de tu marca. Además, es crucial mantenerse al tanto de cualquier cambio en las normativas locales que puedan afectar tu negocio. Esto puede incluir cambios en las leyes fiscales, regulaciones laborales, o políticas comerciales. Contar con un equipo local o socios de confianza puede ayudarte a navegar estos desafíos y asegurarte de que tus operaciones internacionales funcionen sin problemas.

El marketing internacional también requiere un enfoque específico. Lo que funciona en tu país de origen no necesariamente funcionará en un mercado extranjero. Es importante desarrollar una estrategia de marketing que tenga en cuenta las particularidades culturales y las preferencias del consumidor local. Esto puede incluir ajustar tu mensaje, elegir diferentes canales de marketing, o incluso desarrollar nuevos productos que se adapten mejor a las necesidades del mercado local. Además, el marketing digital puede jugar un papel clave en la internacionalización, ya que te permite llegar a un público global de manera más eficiente y rentable. Sin embargo, es importante recordar que el marketing digital también debe adaptarse a las plataformas y comportamientos de los consumidores locales.

El financiamiento de la internacionalización es otro aspecto que debe ser cuidadosamente planificado. Expandirse a mercados internacionales puede requerir una inversión significativa, y es importante contar con los recursos financieros necesarios para hacerlo de manera sostenible. Esto puede incluir la financiación de la investigación de mercado, la adaptación de productos, la inversión en marketing y la gestión de la cadena de suministro. Es posible que necesites buscar financiamiento adicional, ya sea a través de préstamos, inversores o programas de apoyo gubernamental. Además, es importante considerar los riesgos financieros asociados con la internacionalización, como las fluctuaciones de las tasas de cambio, los riesgos políticos y las diferencias en las políticas fiscales. Una planificación financiera sólida te ayudará a mitigar estos riesgos y asegurar que tu expansión internacional sea un éxito.

La internacionalización también requiere una mentalidad abierta y flexible. No todo saldrá según lo planeado, y es probable que enfrentes desafíos inesperados en el camino. Es importante estar dispuesto a aprender y adaptarse a medida que avanzas. Esto incluye estar abierto a nuevas ideas y enfoques, y estar dispuesto a ajustar tu estrategia según sea necesario. La capacidad de adaptarse rápidamente a las condiciones cambiantes del mercado es una de las claves del éxito en la internacionalización. Además, es importante estar preparado para aprender de los errores y fracasos. No todos los esfuerzos de internacionalización serán exitosos, y es posible que tengas que ajustar tu enfoque o incluso retirarte de un mercado si las condiciones no son favorables. Sin embargo, cada experiencia te proporcionará valiosas lecciones que pueden ayudarte a mejorar y tener éxito en el futuro.

Finalmente, es importante recordar que la internacionalización es un proceso a largo plazo. No es algo que se logre de la noche a la mañana, y es probable que se necesite tiempo para ver los resultados de tus esfuerzos. Es importante tener paciencia y estar dispuesto a invertir en el desarrollo de tu presencia en los mercados internacionales. Esto incluye construir relaciones con clientes, socios y empleados locales, y estar comprometido a largo plazo con el éxito de tu negocio en estos mercados. La internacionalización puede ser un desafío, pero también ofrece enormes oportunidades para el crecimiento y el éxito de tu negocio. Al abordar este proceso con una planificación cuidadosa, una adaptación cultural efectiva y una gestión sólida, puedes llevar tu negocio a nuevas alturas y establecer una presencia global que te permita prosperar en un mundo cada vez más interconectado.

Preparando la Empresa para el Futuro

A medida que el mundo avanza a un ritmo acelerado, la capacidad de una empresa para adaptarse y prepararse para el futuro se convierte en un factor crítico de éxito. El entorno empresarial es dinámico, con cambios constantes en la tecnología, las preferencias del consumidor, las regulaciones y las condiciones del mercado. Para un pequeño empresario, estar preparado para el futuro no solo significa sobrevivir, sino prosperar en un mundo en constante evolución. En este capítulo, exploraremos cómo puedes preparar tu empresa para enfrentar los desafíos y aprovechar las oportunidades que el futuro tiene reservado.

El primer paso para preparar tu empresa para el futuro es adoptar una mentalidad de innovación continua. No basta con tener un producto o servicio exitoso hoy; es crucial estar siempre buscando maneras de mejorar y de ofrecer algo nuevo. Esto puede implicar la mejora constante de tus productos, la introducción de nuevas tecnologías en tus operaciones o la exploración de nuevos mercados. La innovación no siempre tiene que ser radical; a veces, pequeñas mejoras incrementales pueden tener un gran impacto en la competitividad y la sostenibilidad de tu negocio. Fomentar una cultura de innovación dentro de tu empresa, donde se valore la creatividad y se incentive la experimentación, es fundamental para mantenerse a la vanguardia.

La tecnología es otro pilar fundamental para preparar tu empresa para el futuro. En la era digital, la tecnología está en el centro de casi todos los aspectos del negocio, desde la producción y la logística hasta el marketing y la atención al cliente. Mantenerse actualizado con las últimas herramientas tecnológicas y estar dispuesto a adoptar nuevas tecnologías puede ser un factor decisivo en el éxito a largo plazo de tu empresa. Esto no solo se refiere a la adquisición de hardware y software, sino también a la capacitación continua de tu equipo para que puedan utilizar estas herramientas de manera efectiva. La automatización, por ejemplo, puede ayudarte a optimizar tus operaciones, reducir costos y mejorar la eficiencia, lo que te permitirá competir de manera más efectiva en el mercado global.

Otra área clave para preparar tu empresa para el futuro es la sostenibilidad. A medida que los consumidores y las regulaciones se vuelven más conscientes del impacto ambiental, las empresas que no adopten prácticas sostenibles corren el riesgo de quedar rezagadas. Esto incluye desde la gestión eficiente de los recursos y la reducción de residuos hasta la adopción de energías renovables y el diseño de productos más ecológicos. La sostenibilidad no solo es buena para el planeta, sino que también puede ser una ventaja competitiva, ya que cada vez más consumidores prefieren apoyar a empresas que se alinean con sus valores. Incorporar la sostenibilidad en el núcleo de tu estrategia empresarial no solo te prepara para el futuro, sino que también te posiciona como un líder en tu industria.

La agilidad es otra característica esencial de las empresas preparadas para el futuro. La capacidad de adaptarse rápidamente a los cambios del mercado, ya sean cambios en la demanda del consumidor, nuevas regulaciones o avances tecnológicos, puede marcar la diferencia entre el éxito y el fracaso. Esto requiere una estructura organizativa flexible, procesos eficientes y una toma de decisiones ágil. Las empresas ágiles son capaces de pivotar rápidamente, ajustar sus estrategias y aprovechar nuevas oportunidades tan pronto como surgen. Esto también significa estar dispuesto a abandonar productos, servicios o mercados que ya no son rentables, y reorientar los recursos hacia áreas con mayor potencial de crecimiento.

La preparación para el futuro también implica un enfoque estratégico en la gestión del talento. A medida que las habilidades requeridas en el mercado laboral evolucionan, es esencial que tu empresa atraiga, desarrolle y retenga a los mejores talentos. Esto no solo se refiere a las habilidades técnicas, sino también a las habilidades blandas como la adaptabilidad, la creatividad y el pensamiento crítico. Fomentar un ambiente de aprendizaje continuo dentro de tu empresa es clave para asegurarte de que tu equipo esté preparado para enfrentar los desafíos del futuro. Esto puede incluir programas de capacitación, oportunidades de desarrollo profesional y una cultura que valore el crecimiento personal y profesional.

La diversificación es otro aspecto importante a considerar cuando se prepara una empresa para el futuro. Depender de un solo producto, mercado o cliente puede ser arriesgado, especialmente en un entorno tan incierto. Diversificar tus fuentes de ingresos, ya sea a través de la expansión a nuevos mercados, la introducción de nuevos productos o servicios, o la diversificación de tu base de clientes, puede ayudarte a mitigar riesgos y garantizar la estabilidad a largo plazo. La diversificación no solo protege tu negocio contra posibles caídas en un área, sino que también te abre nuevas oportunidades de crecimiento.

El enfoque en la experiencia del cliente es una tendencia que seguirá siendo vital en el futuro. A medida que los consumidores se vuelven más exigentes y tienen más opciones que nunca, la calidad de la experiencia que ofreces puede ser un factor decisivo en su decisión de elegir tu empresa sobre la competencia. Esto va más allá de la simple satisfacción del cliente; se trata de crear una conexión emocional con tus clientes, anticipar sus necesidades y ofrecer un valor excepcional en cada punto de contacto. La personalización, la atención al detalle y un servicio al cliente excepcional son elementos clave para construir relaciones duraderas con tus clientes y asegurar su lealtad a largo plazo.

Además, la globalización continuará siendo una fuerza dominante en el futuro, lo que significa que las empresas deben estar preparadas para operar en un entorno cada vez más globalizado. Esto no solo se refiere a la expansión internacional, sino también a la capacidad de trabajar con una cadena de suministro global, gestionar equipos internacionales y comprender las diferencias culturales y normativas en los mercados extranjeros. Preparar tu empresa para el futuro implica tener una mentalidad global y estar dispuesto a adaptarse a las realidades de un mundo interconectado.

Finalmente, la planificación estratégica a largo plazo es esencial para preparar tu empresa para el futuro. Esto no significa que debas tener un plan detallado para los próximos 10 años, ya que el entorno empresarial es demasiado dinámico para preverlo con precisión. Sin embargo, es importante tener una visión clara de hacia dónde quieres llevar tu empresa y desarrollar una estrategia flexible que te permita adaptarte a medida que cambian las circunstancias. Esto incluye establecer metas a largo plazo, identificar posibles riesgos y oportunidades, y estar dispuesto a ajustar tu enfoque según sea necesario. La planificación estratégica te proporciona una hoja de ruta para el futuro y te ayuda a mantener el enfoque en tus objetivos a largo plazo, incluso cuando enfrentas desafíos en el corto plazo.

Preparar tu empresa para el futuro no es una tarea sencilla, pero es esencial para garantizar su éxito a largo plazo. Al adoptar una mentalidad de innovación, estar al tanto de las últimas tecnologías, enfocarte en la sostenibilidad, ser ágil, gestionar el talento de manera efectiva, diversificar tus ingresos, centrarte en la experiencia del cliente, tener una mentalidad global y planificar estratégicamente, estarás en una posición mucho más fuerte para enfrentar los desafíos y aprovechar las oportunidades que el futuro tiene para ofrecer. El mundo está cambiando rápidamente, y las empresas que estén mejor preparadas para adaptarse a estos cambios serán las que prosperen en los años venideros.

Lucie Dupont